MANUEL

D'UN

JEUNE MÉNAGE,

Par M. PIERSON,

Président de Chambre honoraire à la Cour d'Appel de Nancy.

TROISIÈME ÉDITION.

NANCY,

WAGNER, IMPRIMEUR - LIBRAIRE - ÉDITEUR,
RUE DU MANÉGE, 5.

—

1876.

NANCY. — IMP. DE VAGNER.

MANUEL

D'UN

JEUNE MÉNAGE.

MANUEL

D'UN

JEUNE MÉNAGE,

Par M. PIERSON,

Président de Chambre honoraire à la Cour d'Appel de Nancy.

TROISIÈME ÉDITION.

NANCY,

VAGNER, IMPRIMEUR - LIBRAIRE - ÉDITEUR,

RUE DU MANÉGE, 5.

—

1876.

A

MA FILLE CHÉRIE

et à la

MÉMOIRE DE SA MÈRE.

PRÉFACE.

En publiant une troisième édition du
Manuel d'un jeune ménage, je cède à des
sollicitations qui m'ont été exprimées plus
d'une fois, et qui me sont trop honorables
pour que je ne demande pas à mon éditeur,
le pieux et digne M. Vagner, de me prêter
de nouveau son utile concours.

Le goût des productions honnêtes, de
celles qui se lisent au sein de la famille dans
une pleine sécurité, qu'approuve une mère
sage et réfléchie, que le père, même le plus
savant, est loin de voir avec dédain aux
mains de ses enfants, ce goût des lectures
qui améliorent l'âme au lieu de l'égarer,

semble s'accroitre et se fortifier de plus en plus dans un grand nombre de familles.

On ne saurait trop le répéter, (surtout pour bien faire connaitre la véritable France), derrière les manifestations bruyantes et passionnées de journaux et d'écrivains plus jaloux d'obtenir un triste succès que de défendre la cause des bonnes mœurs, il y a une population tranquille, honnête, amie de l'ordre et du travail, respectueuse envers les lois, vénérant la religion, et digne de conserver les belles et nobles traditions que nous ont léguées les plus glorieuses époques de notre histoire.

Les récentes catastrophes, qui ont imposé à notre pays de si cruels sacrifices, ont raffermi et développé plus que jamais dans les cœurs honnêtes un attachement encore plus vif aux destinées de la Patrie, comme aussi un dévouement plus profond aux principes qui seuls peuvent la relever et la sauver.

On sent que la moralité de la France doit s'élever non moins haut que sa valeur. Mais cette moralité, c'est surtout dans le sein de la famille qu'elle se forme, et c'est principalement la jeune épouse qui est chargée d'y apporter cette pureté, cette chaste flamme, ce dévouement incessant qui, sous l'œil de Dieu qui l'inspire, créeront un intérieur où le mari trouvera que rien n'égale les douces jouissances que ces vertus lui procureront.

Mais, au lieu de tracer autour de la femme ce cercle de devoirs dont une âme pure accepte si volontiers le joug, maintenant et au nom du *progrès*, on l'excite plus vivement que jamais à s'en émanciper, sous le prétexte de l'investir de toute la liberté à laquelle elle a droit. On veut que sans hési-

ter, elle franchisse les limites que la religion
et la morale lui prescrivent de respecter.

Je n'oserais pas, par le respect que m'ins-
pirent les yeux chastes qui me liront, énu-
mérer les conséquences indignes et déplorables que certains écrivains signalent
comme devant être la preuve de l'affran-
chissement de la femme.

Dans l'Evangile il est dit, avec cette grâce
divine et cette exquise chasteté que la bouche de la Victime du Calvaire a pu seule si
bien exprimer, que « les vierges folles se
sont endormies au lieu de veiller, et qu'elles
n'étaient pas là pour accompagner l'époux
quand il s'est présenté. »

Nos modernes réformateurs réclament
pour la femme quelque chose de bien autrement grave que la faculté de s'endormir
quand il faudrait veiller, et, si on les écou-
tait, il n'y aurait bientôt plus une seule de

ces vierges sages que le Sauveur citait comme modèles, parce qu'elles avaient veillé et prié près de lampes qui ne s'étaient pas éteintes.

Que les femmes repoussent ces excitations malsaines et corruptrices d'une prétendue philosophie qui les outrage sous le prétexte de les flatter. Elles sont sans doute les libres compagnes de l'homme, et non ses esclaves. Elles sortent des mains du même Créateur; il les a appelées à partager nos plus sublimes espérances.

Mais leur pureté est notre sauve-garde, Le religieux accomplissement de leurs devoirs est la source la plus sûre et la plus féconde des joies domestiques, et nous devons attacher une bien autre importance à leurs vertus qu'à une instruction et à des développements intellectuels dont la religion ne serait pas la garantie.

De toutes les religions, celle qui a tenu à
la femme le langage le plus sévère comme
le plus élevé, celle qui l'a invinciblement
enchaînée à ce lien conjugal, à qui l'inconstance humaine livrera de si rudes assauts,
c'est le Catholicisme. C'est lui qui a donné
aux paroles du Sauveur leur interprétation
la plus exigeante, et qui a interdit à l'homme
de briser la chaine que Dieu avait bénie
et sanctionnée.

Loin donc de s'émanciper des obligations
imposées par la religion, que la femme respecte au contraire tous ces liens qui la main-
tiennent dans le bien, et développent chez
elle tant de vertus que l'émancipation lui
enlèverait, pour lui laisser seulement les
joies malsaines du vice, et plus tard les
amers repentirs que la violation des plus
saints devoirs impose inévitablement à
celles qui les ont foulés aux pieds.

De bien des côtés, on demande que la France revienne à des mœurs plus dignes et plus fermes. On ne saurait croire à quel degré de légèreté et de folie les étrangers nous croient descendus. On nous accuse de pousser l'amour du bien-être à ses dernières limites; d'avoir un luxe qui déborde toutes les situations, et de préférer aux plaisirs simples et peu coûteux, des jouissances, dont la ruine et la misère sont trop souvent le résultat.

On a reproché autrefois à la noblesse sa prétention de vivre noblement, et d'entendre par là une vie oisive dont les heures seraient remplies par des plaisirs de tous les genres.

Mais, à ce point de vue là, combien y a-t-il de gens aujourd'hui qui, sans être nobles, ont la prétention de vivre noblement, et ne voyons-nous pas dans tous les rangs de la

1*

société, même les plus humbles, surgir le
désir de jouir sans travailler, et, sans autre titre que celui de la convoitise, vouloir
entrer en partage de l'aisance de ceux qui
l'ont conquise par leur intelligence et leurs
efforts, ou par ceux de leurs pères ?

Que les mères enseignent à leurs enfants
que la vraie considération, que l'existence
véritablement noble est celle qui est due
au labeur honorable, à l'accomplissement
de tous les devoirs sociaux, et qu'une oisi-
veté sans dignité, que le sacrifice et le dévouement n'honorent jamais, qui ne se
manifeste que par un froid égoïsme que le
plaisir personnel peut seul animer, n'a aucun droit à l'estime publique, surtout à celle
qui vient des cœurs honnêtes.

Une voix éloquente (M. Royer-Collard),
a dit, il y a déjà longtemps, en pré-
voyant les conséquences qu'entraînerait

l'oubli de tout ce que nous respections autrefois, *la France périra par le manque de
respect.*

Quelle est donc la chose respectable que
l'on respecte encore; et quand Dieu lui-même
n'est plus respecté, qui le serait désormais ?

La religion de Jésus-Christ, qui a civilisé
l'Europe, qui l'a faite ce que nous la voyons;
quel spectacle offre-t-elle aujourd'hui ? Son
auguste chef, que l'affection et la vénération
générale devraient entourer à un si haut
degré, est comme prisonnier dans son palais. Il ne pourrait pas en sortir sans se voir
exposé aux plus ignobles insultes.

Le Catholicisme, sans lequel la religion
chrétienne ne serait bientôt plus qu'une
opinion livrée à tous les caprices de l'esprit
humain, même chez les nations qui se disent
encore chrétiennes, le Catholicisme n'en est
pas moins attaqué avec un incroyable achar-
nement.

On applaudit à un enterrement civil d'où
tout signe religieux a été banni, comme à un
véritable progrès. Des personnes, haut placées dans la hiérarchie sociale, laissent la
religion complètement en dehors de leur
union. On voudrait pouvoir enlever de nos
écoles l'image du Sauveur, ainsi que les
maximes sacrées tirées de nos livres saints,
et l'on fait et l'on médite tout cela au nom
de la liberté, comme s'il y avait une liberté
autre que celle que la religion vivifie, et
que seule elle peut sanctionner.

La nouvelle Divinité, proposée aux ado-
rations de la terre, ce serait l'humanité elle-
même, et c'est à celle dont nous connaissons
si bien les profondes misères et les déplorables infirmités, qu'il faudrait désormais
adresser le sublime *Sursum corda* qui re-
tentit si admirablement dans nos Eglises.

Jeunes mères, qui avez reçu de Dieu ces
frêles créatures que vous devez élever pour

lui, et pour cette société où vos enfants auront aussi une mission à accomplir, commencez par les habituer à tous les respects. Après celui qui est dû à Dieu, celui des parents, des aïeux, de la vieillesse, de ceux qui sont appelés à gouverner la société à laquelle vous appartenez. Que le prêtre, dont l'intervention est si utile dans tous les actes importants de la famille, y soit entouré de tous les égards qui lui sont dus. ·

On verra alors sortir de pareils intérieurs des enfants respectueux et obéissants, aimables et laborieux, dévoués à leur pays et capables de tous les sacrifices que celui-ci pourra exiger.

A une époque déjà éloignée, l'illustre Montalembert disait qu'il y avait des pères de famille, et en grand nombre, qui voulaient une intervention supérieure et perpétuelle du sentiment religieux dans l'éducation de leurs enfants, et il rappelait cette belle et grande pensée de Mme de Staël : *La religion n'est rien si elle n'est pas tout.*

C'est qu'en effet là est le vrai remède d'une situation que tout le monde déplore, et pour l'amélioration de laquelle on sent qu'il ne faut pas reculer.

Oui, il faut que la religion soit tout dans la vie de l'homme; que, depuis son berceau jusqu'à sa tombe, il subisse constamment l'influence de cette nourriture céleste, car il a été dit que l'homme ne vit pas seulement de pain, mais de toute parole qui sort de la bouche de Dieu.

Le progrès, le véritable progrès, celui-là seul dont la société et la famille se trouvent également bien, est celui qui s'accomplit sous l'inspiration du sentiment religieux.

Femmes, vous êtes comme les apôtres de

cette salutaire influence. Personne ne comprendra mieux que vous quels sont les besoins de pureté, de respect, de dévouement,
de sacrifice qu'il faut satisfaire, pour que
l'intérieur de vos familles réponde à toutes
les aspirations de votre cœur.

Votre mission, toujours si belle, appelle
aujourd'hui un dévouement encore plus
profond. Allumez la fermeté et le courage
dans l'âme de vos fils. Soyez les premières
à leur parler des devoirs envers la Patrie,
qui peuvent aller jusqu'au sacrifice de la
vie elle-même. La dernière guerre n'a-t-
elle pas fait voir que le jeune homme qui
inclinait pieusement la tête devant nos autels, était celui qui la relevait le plus fière-
men¹ en face de l'ennemi ?

Elevez vos filles dans des sentiments
nobles et généreux. Qu'elles ne craignent
pas d'aborder le chevet du malade et du
blessé. Qu'elles soient, quand il le faudra,

les utiles auxiliaires de ces admirables
Sœurs hospitalières que les nations non ca-
tholiques nous envient, et qu'elles ne peuvent pas imiter.

Ne parlez pas à vos enfants de la vie
comme ne devant leur offrir qu'une série
de plaisirs et de beaux jours. Signalez-la au
contraire comme un terrain de combat, où
ils recevront plus d'une blessure, avant
celle qui devra les faire succomber.

Alors la France pourra relever cette tête
qui a dû s'incliner sous une destinée cruelle;
et peut-être qu'un jour on verra sortir des
rangs de ses enfants quelques-unes de ces
âmes héroïques dont Dieu sait rendre le
bras si puissant, dût ce bras n'être que celui
d'une sainte et courageuse jeune fille,
comme celle qui délivra Orléans des An-
glais, et que les Français émerveillés ont
appelée *la bonne Lorraine.*

Oui, il viendra un jour où la France,

redevenue chrétienne comme aux plus grandes époques de son histoire, prouvera qu'elle aura su reprendre dans la marche de la civilisation la place et le rang qu'elle mérite d'occuper.

Quand on lit dans nos vieilles chroniques, que c'est Dieu qui dirigeait nos pères, *Gesta Dei per Francos,* on aime à penser que c'est là une devise que la France n'oubliera jamais, et qu'elle sera toujours jalouse de justifier.

MANUEL

D'UN

JEUNE MÉNAGE.

CHAPITRE PREMIER.

LA LUNE DE MIEL.

Il n'est personne qui, en possession de quelque science de la vie, et avant de contracter une union que la mort seule doit rompre, n'ait senti une sorte d'effroi s'emparer de son âme, et qui, en envisageant cette série sans fin de devoirs si graves, si importants, en mesurant ce long avenir que la peine et la douleur peuvent sillonner tant de

fois, n'ait eu l'esprit rempli des plus sérieuses préoccupations.

Que l'homme se rassure cependant, quand
il s'avance dans cette voie que la Providence a ouverte devant lui. Jamais elle n'impose un devoir qu'elle ne place une jouissance à côté. Le bonheur est toujours près
de nous : ce n'est pas lui qui nous manque,
c'est nous qui ne savons pas en profiter.
L'époux qui s'est approché de l'autel avec
un cœur loyal et bon, qui n'a envisagé qu'a-
vec un religieux respect l'engagement qui le
lie, celui-là sentira bien vite la joie remplir son âme, la sécurité y remplacer
l'anxiété qui précède toute résolution im-
portante, et l'espérance de jours heureux y
renaître avec une force nouvelle.

C'est alors que commence cette époque si
douce où le cœur et la raison sont dans un
plein accord. La lune de miel ne consiste pas
dans ces mouvements tumultueux, dans ces
émotions désordonnées qui caractérisent l'a-

mour. Ce n'est pas en effet d'une fièvre passagère qu'il s'agit, mais d'une affection qui doit résister par sa profondeur à mille causes ennemies de sa durée. Ces premiers jours de tendresse si intime, de confiance sans bornes, ces joies inconnues qui charment l'âme sans la bouleverser, tout cela ne sera pas l'enivrement de quelques moments. La flamme qui brille le premier jour doit encore luire le dernier pour les époux. Quand l'amant aura conservé à peine le souvenir de l'objet de sa passion, l'époux pressera toujours avec la même tendresse la main de sa compagne chérie.

Pendant les premiers temps d'un mariage nouveau, que les époux se livrent donc sans crainte à tous ces tendres épanchements dont ils éprouvent le vif besoin. Les uns s'aimaient avant de s'épouser, d'autres n'ont pu demander qu'au mariage seul les émotions de l'amour ; la nature tient en réserve ses plus douces richesses pour les uns et les

autres. Là où deux cœurs bons, deux âmes
loyales se trouvent réunies, il y a du bonheur, et dans cet échange réciproque de tendresse et d'amour, souvent le mariage de
raison dépasse celui d'inclination. L'admiration, l'enthousiasme qu'éprouve un cœur
vivement épris peut reposer sur des bases
bien fragiles, et la passion est d'autant plus
grande, qu'on s'est plus éloigné de la vérité.

La lune de miel la plus douce ne sera donc
pas toujours celle d'un mariage d'amour
passionné. Dans la marche du sentiment
comme dans celle de ses autres facultés,
l'homme éprouve le besoin du progrès :
comment en trouver, après un sentiment qui
a poussé l'âme à sa plus haute exaltation !
Après des rêves si enivrants, que peut offrir
le mariage avec sa vérité, son positif ? Que
deviendront les enchantements de l'imagination, quand les caractères se développe-
ront dans toute la liberté du chez soi, quand
il faudra mettre de côté toute coquetterie,

tout déguisement adroit d'un défaut ou d'une imperfection ?

A ceux qui, au contraire, se sont mariés avec moins d'enthousiasme, et en sachant opposer aux délicieux entrainements de l'imagination les réflexions d'une raison qui ne s'abuse pas sur la réalité de la vie, le mariage vient souvent révéler des joies inattendues, un bonheur inespéré. On ne saurait croire tout ce qu'il y a de bon, de tendre et de touchant dans l'union de l'homme et de la femme ; quelle force de sympathie vient modifier cet égoïsme qui existait avant le mariage, et qui peut-être était la principale source des inquiétudes que l'idée de ce dernier faisait naître. L'homme se montre souvent orgueilleux de son intelligence et de sa raison ; mais ce n'est pas là son côté le plus admirable, c'est par le cœur surtout qu'il est fort, qu'il est noble, qu'il est grand. Et qu'il ne s'abuse pas : ces inspirations de bonté, d'amour, de dévouement, les invente-

t-il ? Non, elles abondent dans son cœur
sans qu'il les cherche. Dès qu'il s'est mis
en harmonie avec sa véritable vocation, la
Providence verse dans son sein plus d'émotions que sa faible intelligence ne pourrait
en concevoir. Il en est même de si délicieuses et de si intimes que jamais sa langue ne
saura les exprimer. Jésus-Christ a dit à ses
apôtres d'être simples comme des enfants ;
que les époux s'appliquent aussi ce divin
précepte. Qu'ils s'aiment de cet amour franc
et naïf qui se fortifie par un abandon sans
réserve, et s'augmente par une confiance
qui ne sait rien dissimuler. Des cœurs qui
ne cachent rien, laissent voir bien vite leurs
défauts comme leurs qualités. Mais aussi
c'est par un épanchement ingénu et sans
détour, que les défauts se pardonnent plus
facilement. Il y a dans le cœur assez de tendresse pour étouffer les impressions fâcheu-
ses, pour faire pardonner des découvertes
peu flatteuses que la vie intime rend iné-

vitables: C'est donc surtout pour les époux
qu'il a été dit, dans cet admirable livre
en qui viennent se résumer les doctrines
du cœur, comme celles de la sagesse : *Ai-*
mez-vous, il n'y a pas de commandement
plus grand que celui-là.

Presque toutes les femmes apportent à
leurs époux cette dot d'innocence et de pureté, cette sensibilité vive et tendre à qui
la lune de miel doit son plus grand charme,
bien supérieures en cela à des maris que
pour la plupart ont connu les émotions du
vice ; qui ont vu la fleur de leur jeunesse
se flétrir dans les relations criminelles, et
dont la sensibilité, émoussée par les passions mauvaises, ne serait plus mise en jeu
que par le soupçon et la défiance, si un cœur
pur ne venait ranimer de sa douce chaleur
ces cœurs que le vice à rendus froids ; si des
mœurs chastes, une âme candide et honnête
ne rendaient à ces incrédules la foi aux vertus d'une femme, foi si vive et si délicieuse

au début d'un jeune homme dans la vie, et qu'il n'a perdue que parce qu'il a porté ses hommages aux autels des faux dieux.

Elle est déjà bien différente d'elle-même, après quinze jours de mariage, cette jeune fille qui auparavant s'enveloppait de réserve et de timidité, qui peut-être n'avait plu que par les qualités légères et brillantes qui séduisent l'imagination d'un prétendant, et qu'il aura remarquées comme ce qu'avait de mieux à offrir celle qu'il a souhaité d'épouser. Ah! le mariage a besoin d'autre chose que de succès de salon, et la femme, restée fidèle aux inspirations de la nature, a de bien autres richesses à montrer qu'une tournure élégante, une danse légère, une romance bien chantée ou une sonate brillamment exécutée. Celui qu'elle vient d'épouser, pour qui sa pudeur n'a plus de mystères, dont elle s'honore de porter le nom, c'est maintenant son ami le plus cher, le confident de ses pensées, l'arbitre de ses volontés, de ses

goûts, de ses affections. L'aimer chaque jour
plus que la veille, le lui dire, le lui prouver
par ce charme de langage et d'action qui
appartient surtout aux femmes ; trouver du
plaisir, du bonheur dans un dévouement
qui ne reculera devant aucune douleur, aucun sacrifice, voilà cependant tout ce qui
déborde de ces cœurs de femmes qui nous
demandent plutôt la sympathie que l'équivalent de ce qu'ils nous donnent : car il faut
le reconnaître, nous ne savons pas aimer
comme elles. Elles sont le reflet le plus doux
et le plus vrai de cet amour immense qui em-
brasse la nature entière, et qui pour l'homme
vient se résumer surtout dans cette compagne sans qui son existence eût été incom-
plète.

Qu'on ne croie pas au surplus que le rôle
de la femme se borne à inspirer des émotions d'amour. Par le mariage, elle est aussi
la cause des impressions les plus sérieuses
et les plus solides. Le célibataire n'a vu dans

la femme qu'un être fait pour plaire, l'époux
y trouve bien plus. Par elle, il se met en
sympathie avec tout ce que la famille et la
société ont de plus respectable et de plus
sacré. La légèreté d'esprit avec laquelle on
envisageait auparavant le mariage, fait place
peu à peu au sentiment grave et réfléchi de
ces devoirs d'époux, de père, de chef de famille, dont l'ensemble compose la vie intérieure, et dont l'accomplissement sérieux
peut seul y faire régner la paix et le bonheur.

Du sein de sa famille, l'homme porte ensuite sa pensée vers une sphère plus élevée,
et la contemplation de la grande famille le
convainc bien vite que son rôle de citoyen
a pris une toute autre importance; que dans
cette communauté d'efforts entrepris pour
faire marcher dans la voie légitime la société
dont il est membre, il doit fournir une large
part d'amour de l'ordre, d'observance des
bonnes mœurs, de respect de l'autorité. Car

le bonheur si doux de la famille, et le bien-
être du pays, tout se tient et s'enchaîne par
d'innombrables liens; il y a toujours double
devoir à remplir; l'époux et le citoyen doivent devenir meilleurs et plus heureux l'un
par l'autre. Après la dette acquittée envers
le pays, le foyer domestique a bien plus de
charmes ; du sein des douces et pures émotions de la vie intérieure on sort bien meilleur citoyen.

L'homme doit donc à la femme un déve-
loppement de raison, en même temps qu'une
sensibilité plus profonde. Car ce n'est pas
seulement pour lui plaire qu'elle lui a été
donnée, elle a sa part sérieuse à faire dans
la mission qui leur a été confiée à tous deux.
Aussi, à côté de ce cœur d'épouse si plein
d'amour, il y a des principes forts, presque
toujours inaltérables, une âme chaste et dévouée à la vertu, le sentiment exact de ses
propres devoirs comme des devoirs de tout
ce qui l'entoure, enfin la foi, et la foi vive

2*

et tendre dans le Dieu qui a beaucoup souffert, parce qu'il a beaucoup aimé. Ce que la
raison apprend si lentement à l'homme, la
femme le pressent, le devine avec l'intelligence le plus rapide. Elle a comme un instinct qui lui révèle le vrai dans tout ce qu'elle
doit savoir. Elle ne raisonne pas, mais elle
sent, elle puise tout dans ce cœur qui fait
sa force comme son charme, et qui ne l'éga-
rerait peut-être jamais, si l'homme était aussi
jaloux de la respecter que de lui plaire.

Ainsi, que la jeune épouse soit aux yeux
de son mari non seulement un objet d'affection, mais aussi d'estime et de respect.
Qu'il s'établisse tout de suite entre eux une
confiance entière, un abandon sans réserve,
une franchise pleine de loyauté. Pour que
le cœur se livre avec toutes ses richesses,
il faut que rien ne le comprime ou l'attié-
disse : s'il est généreux, il est aussi plein
d'exigences. Qu'il n'y ait donc point de let-
tres qu'on ne montre pas, soit qu'on les re-

çoive, soit qu'on les écrive. Qu'aucune
amitié, qu'aucune affection de parenté, de
quelque degré qu'elle soit, ne vienne
s'interposer entre les époux, et revendiquer des droits qui sembleraient contre-
balancer une tendresse qui doit être sans
rivale. L'affection de la lune de miel est en-
vahissante et despotique ; elle commence
d'abord par tout vaincre et tout surpasser.
Un peu plus tard toutes les autres affections
reprennent leurs droits ; le cœur des époux
se met en harmonie avec tous les autres sentiments, mais la première place a été enlevée :
elle appartient désormais à l'amour conjugal. En vain d'autres cœurs en murmurent,
et surtout ces cœurs de mère, si dévoués,
si admirables, naguère si jaloux de leurs
droits. *L'homme laissera son père et sa
mère, et il s'unira à sa femme, et tous deux
seront une même chair,* dit l'Écriture sainte ;
expressions aussi énergiques que profondes
de vérité, et qui font sentir bien autrement

que cette froide promesse de *fidélité, secours* et *assistance* de la loi civile, la fusion
de deux âmes qui ne doivent plus en former
qu'une, l'union intime et absolue qui va
dominer toutes les autres relations du cœur;
espèce de souveraineté jalouse qui ne peut
s'abdiquer ni se partager, sans perdre son
caractère et manquer sa mission.

Je viens de parcourir ces premiers moments du mariage que l'on appelle la lune de
miel. Le rôle de la femme y a été le plus
beau, il devait l'être. Dans la vie de sentiment, sachons apprécier un être qui ne vit
que pour aimer. Reconnaissons dans ce que
l'existence a de plus doux, la supériorité de
celle qui sent si vivement et calcule si peu,
et que la Providence a organisée pour trouver surtout du bonheur dans celui des
autres.

. Pour le monde, le mariage n'a de poésie
que dans sa lune de miel. A peine un mois
heureux et riant est-il accordé aux époux

par cette foule légère qui ne voit plus rien
de digne d'envie, quand elle n'aperçoit plus
de plaisirs sans devoirs, quand son imagination commence à rencontrer ces tableaux
sérieux où la raison parait assise à côté de
l'amour.

Laissons à un monde égoïste et trop peu
sérieux ses faux plaisirs, et ses opinions
plus fausses encore. Est-ce que la Provi·
dence, toujours si bonne pour l'homme
quand il se conforme à ses vues, l'abandon-
nerait quand il a surtout besoin d'elle, et
le laisserait dans les ennuis prolongés d'une
vie hérissée de devoirs, sans lui ménager
des jours de bonheur et de joie? Non, mille
fois non, et cette lune de miel, à qui l'on
prête une durée si courte, va au contraire
étendre son doux reflet sur l'union tout entière. Le temps est un ennemi redoutable aux
goûts capricieux, aux relations que le remords empoisonne, à la tendresse qui ne se
manifeste qu'au scandale et à la douleur des

âmes honnêtes. Mais quand il lutte avec un
cœur que fortifient le devoir et la vertu, le
temps est forcé de céder la victoire. En vain
une longue suite d'années s'est écoulée depuis cette lune de miel qui ne devait durer
qu'un mois, la flamme qui brillait alors ne
s'est point éteinte; deux mains amies se re-
cherchent et se pressent encore; la voix qui
charmait s'entend toujours avec plaisir, et
le bonheur d'être ensemble n'a rien perdu
de sa douceur.

Demandez aux ménages heureux si leur
mémoire distingue, dans ses plus doux souvenirs, entre le premier mois et ceux qui
l'ont suivi; si, comme les amants, ils ont
une époque où leur bonheur, porté à son
plus haut degré, n'a plus été suivi que de
joies décroissantes, de jours décolorés,
d'indifférence enfin. Les beaux ménages
vous répondront que leur tendresse, loin
de s'affaiblir, n'a fait que s'accroître; que le
dévouement, loin de reculer devant des sa-

crifices que la maladie, l'âge, le malheur peuvent rendre si pénibles, a fait face à toutes ses obligations, et a trouvé du bonheur dans l'accomplissement du devoir. Ils vous diront que chaque caractère s'est amélioré, que de plus grandes vertus se sont développées, et que dans les premiers, comme dans les derniers jours d'une union dont ils ne croient pas même que la mort pourrait détruire le lien, des sentiments doux et bons, une joie pure et vraie, une tendresse inaltérable se sont constamment manifestés sous le toit domestique.

On dit que le mariage est une chaîne, cela est vrai. Il n'y en a pas de plus forte ici-bas. Chacun de ses anneaux est un devoir différent, et tout ce qu'il y a de plus grave et de plus saint sur la terre s'est réuni pour les attacher plus fortement. Eh bien, jeunes époux, ne craignez pas de la serrer cette chaîne, enveloppez-vous, au contraire, de ses plus fortes étreintes. Plus elle vous rap-

prochera l'un de l'autre, moins vous la sen-
tirez. Elle ne devient lourde et pesante qu'à
ceux qui cherchent à s'en débarrasser. Compagnons, non d'un jour, mais d'un voyage
dont le dernier gîte doit être le tombeau,
qu'une même couche vous réunisse, ou du
moins dormez dans la même chambre. Là,
pas de bouderie qui survive au jour qui l'a
vue naître? pas de ressentiment qui ne s'a-
paise avant ce sommeil qui ne peut être
doux qu'à des cœurs rassurés et tranquilles.
Dans cette chambre d'ailleurs, de grands
devoirs vous attendent ; la maladie et la douleur vous y affecteront tour à tour. Restez-y
donc pour vous soigner comme pour vous
aimer mieux, car c'est là surtout que vos
deux âmes n'en feront qu'une. C'est aussi
votre poste d'honneur à tous deux. Des enfants y naîtront et réclameront un dévouement de tous les jours pour protéger une
frêle existence. Jeune épouse, digne d'associer à ce titre celui de mère, c'est dans cette

chambre qu'il vous faudra montrer autant
de courage que d'amour. Et toi, qui d'ordinaire as devancé ta compagne dans la vie,
et qui la précéderas dans la tombe, mari,
c'est là aussi que tu lui devras surtout
l'exemple du calme et de la fermeté, car
c'est là que sonnera ton heure dernière,
heure si cruelle à deux âmes vivant de la
même vie, mais adoucie par celle qui parta-
gea tout avec toi, et qui, si tu l'as mérité, y
restera à son tour, fidèle à ton souvenir, et
vivant encore de ta présence, de tes paroles,
jusqu'au jour où elle s'éteindra elle-même,
dans l'espoir de partager avec toi le bonheur éternel (A).

LE BUDGET.

CHAPITRE II.

LE BUDGET.

—

Voici un mot qui d'ordinaire refroidit l'amour, désenchante l'imagination, et substitue à ses plus délicieux rêves un positif sec, froid, décoloré. Des amants ont rêvé une chaumière, un ciel doux, un air toujours parfumé, d'intarissables jouissances de sentiments. Si leurs désirs ont été moins simples, s'ils ont pensé aux joies du monde, ils se sont promis tout ce que les arts, le luxe, la fortune peuvent offrir de plaisir et de bonheur à une vanité aussi ambitieuse que difficile.

Un sentiment que l'imagination seule a

nourri, et que l'inconstance laissera bientôt mourir, car que n'abandonne-t-elle pas? se passe aisément de prévisions positives. C'est un fragile édifice, bâti pour un jour de fête, qui doit un instant charmer les yeux, mais dont peu de temps après son élévation on cherche en vain la trace.

Le mariage a d'autres destinées à parcourir. Première base de l'édifice social, dépositaire des plus chères espérances de la patrie, source des devoirs les plus sacrés, un long avenir se déroule devant lui; la vie réelle l'attend avec ses phases diverses et le cortége inévitable de ses plus matérielles exigences. Assurer les besoins de chaque jour, veiller à ce que toutes les obligations qui naissent d'un crédit qui ne peut jamais beaucoup attendre, soient religieusement exécutées, rester dans sa dépense toujours au-dessus de son revenu, afin de faire face à l'imprévu, ce chapitre auquel les accidents si variés de l'existence, vont ajouter bien des pages, en un mot, assurer pour le présent comme pour l'avenir les besoins de la nouvelle famille, voilà ce que la raison vient dire aux époux, lorsqu'après les premiers épanchements réclamés par le cœur, le temps des réflexions sérieuses est arrivé.

Le bien-être joue un rôle important dans la vie. L'homme n'est pas tout intelligence et tout sentiment. S'il puise à ces deux sources ses plus nobles pensées et ses plus douces jouissances, d'un autre côté il est, par sa nature physique, dans un contact continuel avec des besoins corporels, avec du matériel au plus bas degré, et tout cela est tellement lié, dans une dépendance si réciproque, qu'on rencontre rarement du bonheur sans bien-être. Un point important est donc d'assurer les besoins divers, avec prudence, avec discernement, et pour cela il faut que de jeunes époux fassent en commun leur budget. Une pareille délibération ne peut offrir que les meilleurs ré-

sultats, puisque tout de suite elle donne
l'esprit de calcul à une petite société qui
en a le plus grand besoin. Une nation
éprouve souvent les plus graves embarras
par le désordre de ses finances, la dilapi-
dation des deniers publics. Des révolutions
mêmes peuvent être amenées par de sem-
blables causes, et l'on sait combien de dé-
sordres et de calamités en sont la suite
inévitable. La famille court des chances
tout aussi sérieuses, si une mauvaise administration ou de folles dépenses viennent à
compromettre ses moyens d'existence.

Le budget d'un jeune ménage admet autant de bases différentes, que les positions
de fortune diffèrent elles-mêmes. Le loge-
ment, la mise, la table, le nombre des domestiques, les charités, les dépenses de
plaisir et de luxe, tout cela doit se régler
d'après la position de chacun. Mais un principe général est applicable à tous, c'est que
le revenu tout entier ne doit pas être ab-

'sorbé. Il n'y a de véritable aisance que là
où, à la fin de l'année, un reliquat actif
'existe dans le secrétaire d'acajou, comme
'dans celui de noyer. C'est la condition *sine
quâ non* du bien-être conjugal, la pierre
de touche de la bonne administration, la
preuve d'un ordre bien entendu et d'une
sage économie.

- La sérieuse délibération à laquelle nous
appelons deux jeunes époux, et dont nous
leur faisons un devoir mutuel, n'a pas toujours lieu. Un mari, jaloux de ses droits,
peu confiant dans une jeune tête en qui il
voit plus d'attraits que de raison, laisse une
femme étrangère aux calculs dont nous
parlons, et, sous le prétexte de continuer
cette vie de plaisirs qu'a rêvée une jeune
inexpérimentée, laisse passer au piano, en
visites de commérage, en soins de toilette,
à la lecture de mauvais romans, des heures
où la raison d'une femme pourrait recevoir
de précieux développements. Cette marche

5*

est mauvaise, est souvent aussi fatale au
mari qu'à sa compagne. Celle-ci, à qui la
nature en quelque sorte a départi le soin
de l'intérieur, à qui elle a donné l'intelligence des détails , la science des petites
économies, un instinct de surveillance qu'on
met rarement en défaut ; cette jeune femme
qui, dans l'accomplissement journalier de
ses devoirs divers, aurait si puissamment
contribué au bien-être commun, comme
acquis des droits mieux fondés à la confiance de son mari, n'est plus qu'un être
léger, étourdi, inconsidéré, qui ne sait pas
apprécier la valeur de l'argent, suppose à
son mari une fortune bien supérieure à celle
qu'il a réellement, dépense toujours au-
delà de la somme qui lui a été assignée, et
croit que tromper son époux, en lui faisant
payer ce qui n'a pas été dépensé, est chose
aussi douce que licite. Pour elle, c'est un
succès obtenu sur la défiance et l'injustice,
et, sous ce prétexte, elle imitera la conduite

de sa cuisinière, aux ruses et aux tromperies de laquelle elle ne craindra pas de se ravaler. Ce sera dans sa propre maison, de la main même qui devait tout conserver, tout défendre, que le père de famille souffrira préjudice ; et comment pourra-t-il espérer d'améliorer sa fortune, quand une spoliation habilement organisée, viendra chaque jour entraver ses efforts et déjouer ses calculs ?

Montrer à sa femme une pleine et entière confiance est, en même temps qu'un devoir, le meilleur des calculs. On obtient tout ce qu'on veut du sexe sensible et jaloux de nous plaire, en lui montrant tout le cas que nous faisons de lui. Une épouse sera aussi reconnaissante que fière d'être l'objet d'une estime qui n'a pas ses exceptions, et bien vite on la verra devenir la sauvegarde, peut-être la plus sûre, du bien-être commun. D'ailleurs n'est-elle pas notre associée ? N'entre-t-elle pas en partage de tout ce qui intéresse la fa-

.mille nouvelle ? N'a-t-elle pas à revendiquer
une égalité, qui est dans son droit, et qui
l'ennoblira d'autant plus à ses propres yeux,
que cette égalité sera plus sérieuse et plus
vraie ?

Nos femmes ont besoin de notre estime
comme de notre amour ; elles savent en
effet justifier la première comme mériter
le second ; mais elles resteront au-dessous
de ce qu'elles auraient pu être, si la vie intérieure, qui doit s'établir entre elles et
nous, a ses réserves et ses restrictions.
Maris, vous êtes les instituteurs de vos
femmes ; si vous voulez qu'elles soient
raisonnables, exercez leur raison. Une intelligence vive comprendra le précepte, un
cœur aimant et vertueux vous répondra de
son application.

J'avoue que la tâche n'est pas toujours
facile. Une jeune mariée est souvent bien
mal préparée, par son éducation antérieure,
aux grands devoirs que le mariage impose.

L'éducation actuelle des femmes est dirigée
bien plus vers le brillant que vers le solide
et l'utile, dans les grandes villes surtout.
Là tout le monde veut se modeler sur les
familles opulentes, non pas sur celles que
recommande un usage honorable et judi-
cieux de leur fortune, mais sur ces privilégiés du sort qui croient n'avoir à cueillir
que des fleurs ici-bas, et dont la grande
occupation est de chercher pour chaque
jour un plaisir nouveau; existence efférmi-
née, énervation continuelle de l'âme, où les
plus beaux dons de l'intelligence, les plus
belles qualités du cœur, finissent presque
toujours par se flétrir ou s'affaisser.

Mais le bon ton ou plutôt le ton à la mode
veut que de pareilles existences soient regardées comme ce qu'il y a de plus dési-
rable et de plus charmant, et c'est à qui
franchira la barrière que le bon sens et la
raison commandent à tant de familles de
respecter. C'est alors que la jeunesse en-

tière d'une demoiselle se passe exclusivement dans l'étude des beaux arts, dans le
désir des succès de salon, dans l'habitude de
regarder comme nécessaire au bonheur une
vie élégante et entourée de toutes les créa-
tions d'un luxe si habile à faire succéder au
désir qu'il satisfait un désir plus vif encore.
Et que trouve-t-on à côté de cela? Le mépris
des goûts simples et modestes, des soins
intérieurs, des travaux de ménage qui plus
tard seront impérieusement réclamés de la
femme mariée, et dont la négligence exer-
cera sur le bien-être de sa nouvelle famille
une si dommageable influence.

Heureux celui qui a reçu la compagne de
sa vie des mains d'une mère sage et prudente qui, dès l'adolescence de sa fille, mê-
lant l'exemple au précepte, l'a peu à peu
formée à ces bonnes habitudes d'ordre et
d'économie qui lui rendront facile l'administration de son ménage! Elle en sera pour
ainsi dire la Providence. Avec la coopéra-

tion active et intelligente d'une pareille
femme, le mari verra régner autour de lui
le bien-être et l'aisance. S'il est riche, ses
revenus seront honorablement dépensés ;
il verra largement pourvoir aux convenances de sa position sociale, et sans que les
chances de l'avenir aient rien perdu de leurs
garanties. Si le mari a peu d'aisance, une
fortune à créer, les besoins de la famille seront circonscrits dans les limites les plus
étroites, les dépenses de plaisir et de luxe
ajournées à des temps meilleurs; et ces
temps arriveront, car l'aisance est la récompense de l'ordre et du travail; la richesse
est celle de l'économie.

Les conseils d'un mari prudent et affectueux, l'expérience de la vie, des appels
fréquents à une raison jusqu'alors trop peu
exercée, corrigeront insensiblement chez
une jeune femme les mauvais effets d'une
éducation inconsidérée. Les leçons ne

manquent pas. Le livre de la science du bien et du mal, dans le ménage, est ouvert tous les jours. Jeune épouse, feuilletez-le souvent. Avec de la réflexion, on arrive à savoir ce qu'il faut faire et ce qu'on ne fait pas. Examinez un ménage bien tenu, éclairez-vous par les questions que vous adresserez, comme par vos propres observations, et bientôt vous aurez autant d'aversion pour des mémoires non payés que pour des chambres malpropres; bientôt vous croirez que la somme, qui dans votre secrétaire est la preuve de votre sage économie, sera pour vous une aussi belle parure que celle qui, dans un salon ou dans les promenades publiques, attirerait sur vous des regards plus souvent d'une envie haineuse que d'admiration.

Cette obligation d'une jeune épouse est d'autant plus grande que souvent un mari a été lui-même élevé dans des goûts de dissipation, et qu'il faut alors qu'il trouve chez sa femme la raison et l'aplomb qui lui manquent.

, Mais si de jeunes époux ne savaient compter ni l'un ni l'autre, si les désirs de dépense étaient aussitôt satisfaits que conçus, quelles que soient d'ailleurs leur tendresse mutuelle et les qualités qui les rendraient recommandables, l'abîme se creuserait peu à peu sous leurs pas, et bientôt, au lieu de ces plaisirs, de ces fêtes, qui étaient devenus un besoin de chaque jour, la gêne avec ses tristes étreintes, la misère peut-être avec ses chagrins si cruels et ses angoisses si déchirantes, viendraient envelopper à jamais les imprudents, qui par leur faute, en seraient devenus la proie (B).

: Il importe donc essentiellement de mesurer, dès le début du mariage, sa position d'une manière exacte, et, comme ces premières prévisions des dépenses à venir ne sont encore que de simples aperçus ; que

l'avenir, au lieu d'amoindrir les charges
du nouveau ménage, les aggravera bien
plus certainement, il faut s'attendre à ce
que les calculs, même les plus prudents,
restent au-dessous de la réalité.

Les époux ne tardent pas à se trouver
aux prises avec l'expérience, et ce moment
ne saurait être trop rappoché de celui où
ils se sont juré de s'aimer toujours. Il faut
qu'ils se fassent tout de suite aux habitudes
positives de leur nouvel état, que les besoins de chaque jour éveillent l'esprit de
calcul qui doit y pourvoir.

Quelquefois des parents retardent cette
entrée en ménage et gardent chez eux de
jeunes époux pendant un temps plus ou
moins long. Si ce séjour a pour résultat de
de ménager aux jeunes époux quelques
économies, pour faire face aux dépenses
qu'il faudra toujours faire plus tard, ce
séjour aura ses avantages. Mais si, comme
il arrive le plus souvent, une mère, par

excès de tendresse, voulait par là reculer l'époque où doivent s'accomplir des devoirs sérieux, cette mère nuirait aux vrais intérêts de sa fille. Celle-ci ne saurait se voir trop tôt astreinte, dès que son rôle d'épouse a commencé, aux obligations qui en découlent. La vie molle et oisive n'est pas celle qui développe les bonnes qualités et forment au bien, et le travail est aussi nécessaire à l'épouse qu'au mari. Les soins à prendre éveillent son intelligence, la responsabilité qu'elle encourt stimule sa raison. Et d'ailleurs une jeune femme est-elle jamais plus intéressante aux yeux de son époux, qu'au milieu de ces occupations à qui la famille devra l'ordre, le bien-être et la paix! L'union intime des époux se trouve mieux aussi de leur indépendance. Des parents trop rapprochés interviennent forcément dans de petites querelles, de légers dissentiments, qui ne sont rien entre des époux qui s'embrassent si vite après s'être grondés, quand ils sont seuls, mais qui, en présence de tiers, difficilement impartiaux, peuvent être plus tenaces à persister dans un tort, ou moins prompts à pardonner.

Après l'obligation de faire son budget, vient celle de constater régulièrement sa dépense comme son revenu. Ce n'est pas le tout d'être économe et prudent, il faut encore avoir de l'ordre. Est-il nécessaire de mettre dans cette comptabilité domestique beaucoup d'exactitude? Je le crois. Cela paraîtra sans doute bien minutieux, bien ennuyeux, de marquer chaque jour toutes les petites dépenses que nécessite le ménage. Ce n'en sera pas moins pour Madame une excellente habitude; car c'est à elle que doit appartenir la tenue du livre Journal. A la fin de chaque mois, Monsieur résumera et établira les grandes divisions de la dépense sur un autre registre. A la fin de l'année, les recettes et les dépenses se récapituleront et le mot reliquat, accompagné d'un chiffre honnête, devra toujours être le résultat de la balance générale.

Il y a des personnes qui, réellement économes, s'abstiennent de tenir cette comptabilité journalière dont nous venons de parler. Sûres d'elles-mêmes, sachant à peu près mesurer leurs besoins sur leurs ressources, elles disent que quand elles marqueraient tout, elles n'en dépenseraient ni plus ni moins, que ce ne serait donc pour elles qu'un assujétissement inutile. Les époux dont une longue et sage économie a garanti la bonne administration, peuvent, sans grand inconvénient, ne pas se soumettre à l'inscription exacte de leurs dépenses et de leurs recettes. Mais ils ont toujours à subir l'inconvénient d'une incertitude sur leur véritable situation financière. On leur demandera le chiffre exact de leurs divers genres de dépenses, ils ne le connaîtront pas. Une fille, sur le point de se

marier, demandera à sa mère en quoi con-
sistent les nécessités d'un ménage, comment
avec telle somme on peut vivre. Que répondra la mère, qui n'a pas tenu une comptabilité régulière ? Elle sera sans doute fort
embarrassée, et croira probablement qu'en
faisant la seule réponse qu'on puisse attendre d'elle : Ma fille, faites comme moi, la
question n'aura pas été résolue aussi bien
qu'elle aurait pu l'être.

Remplacer une règle certaine par des à
peu près, préférer les ténèbres à la lumière,
s'exposer dans le cas d'infidélité, de sous-
traction, à rester dans les anxiétés d'un
doute jamais bien éclairci sur le chiffre de la
somme qui manque, donner peut-être lieu
à des soupçons qui compromettront la paix
du ménage, voilà la position qu'il faut subir
même chez les ménages économes à qui il
manque un élément d'ordre important.

Leurs habitudes ne seront donc jamais un
exemple à proposer. Ce qui serait d'ailleurs

sans grave inconvénient pour des époux, à qui les économies de chaque année auraient inspiré une sécurité dédaigneuse de certaines précautions, en aurait beaucoup pour un ménage qui commence. C'est à l'expérience qu'il faut surtout l'appui de la règle, et le joug des bonnes habitudes. Tout ce qui commence, tout ce qui naît pour durer, faire sa part des choses d'ici-bas, demande secours et protection. C'est pour un long avenir que s'élève un jeune ménage ; or, plus l'avenir apparaît lointain, le terme reculé et la route difficile, plus les garanties doivent être fortes et complètes.

Quelquefois les jeunes époux, appelés à recueillir de leurs parents une fortune supérieure à celle avec laquelle ils sont entrés en ménage, regardent leurs espérances comme des réalités, et croient que les dépenses du présent pourront se faire largement, parce qu'elles seront amplement couvertes par les ressources de l'avenir. C'est

là un système non-seulement mauvais, mais
le plus souvent funeste. D'abord l'avenir
n'est pas toujours d'accord avec nos espérances. La fortune de nos parents peut
éprouver des échecs auxquels la prudence
humaine n'eût pas songé peut-être, mais
qui n'en sont pas moins des réalités dont
il faut accepter les tristes conséquences.
Et puis, quand cette fortune à venir ne devrait tromper aucune des prévisions dont
elle était l'objet, quand des malheurs impré-
vus n'auraient pas enlevé aux parents des
jeunes époux les biens dont ceux-ci voudraient jouir par anticipation, est-ce que
cette jouissance viendra tout de suite? de
longues années dont le cœur des époux
eux-mêmes demandera si souvent au Ciel
de prolonger la durée, de longues années
ne s'écouleront-elles pas avant que le jeune
ménage soit en possession de toutes les richesses? Et pendant ce temps-là, on aura
peut-être tout mangé à l'avance, car dès

qu'une fois on a dans sa dépense outrepassé son revenu, c'est dans une progression effrayante que l'on marche à sa ruine. Autant le chemin qui conduit à la fortune par l'ordre et l'économie est rude et malaisé, autant celui qui mène au désordre est glissant et rapide.

Remarquons, au surplus, que c'est avec la fortune que l'on possédait en se mariant, que l'on traverse d'ordinaire une partie de la vie, et précisément celle où les désirs sont plus vifs, les goûts plus variés, les passions plus énergiques et les besoins plus multipliés. C'est dans l'intervalle qu'il faut pourvoir à l'éducation de ses enfants, peut-être même les doter, et, quand votre fortune s'agrandit et se complète par des successions souvent, hélas! si chèrement payées, la vivacité de vos désirs émoussés par l'âge, les besoins de vos enfants qui se manifestent autour de vous, font que votre augmentation de fortune n'exerce pas une

4

grande influence sur votre bien-être. Il
importe donc de s'assurer celui-ci et de se
le procurer par une sagesse d'administration et de modestie de conduite qui aient
pris naissance dans la première année de
notre union, pour marcher ensuite avec
nous comme deux compagnes fidèles.

Terminons ce chapitre qui ne sourit pas
à l'imagination, mais qui n'en est pas moins
d'une grande importance. Il ressemble à ces
livres sérieux qui n'ont pas le bonheur de
plaire comme les productions gracieuses ou
passionnées, mais dont le langage est toujours vrai, les conseils bons, les motifs
solides.

S'assujétir à l'ordre, à l'économie, à une
comptabilité, à des privations, a ses ennuis
sans doute, et surtout à cette époque d'un
mariage naissant, où l'on ne voudrait avoir
que des fleurs à cueillir, de douces pensées
à nourrir. Mais des époux ne sont pas des
enfants gâtés dont la vie oisive et sans but

s'écoule sans devoirs et sans travail. Là,
comme dans tout ce qui suit une règle, et
tend à une fin raisonnable par des moyens
sérieux, le bien-être vient du travail, le
bonheur du devoir rempli. D'ailleurs s'abs-
tenir conduit souvent à de plus vrais et de
plus solides plaisirs que jouir sans mesure
et sans prévoyance. Des résultats d'une
économie bien entendue, naît pour les
époux un sentiment de sécurité qui est une
jouissance de tous les instants.

Un jeune ménage peut être comparé au
navire destiné à une course lointaine et pé-
rilleuse. Une fortune qui diminue si elle ne
s'accroît, parce qu'elle ne peut rester sta-
tionnaire, un besoin d'argent qui se fait
sentir tous les jours, une vie matérielle
inexorable dans ses exigences, un enchaî-
nement continu d'obligations sociales, toutes plus sérieuses les unes que les autres,
voilà les écueils semés sur la route qu'ont
à parcourir les époux. Aux dangers de la

traversée, proportionnez donc la sagesse et la prudence du pilote.

Et qu'on ne croie pas que le but de tant d'efforts et de soins ne soit qu'une jouissance matérielle du plus bas degré, le plaisir d'avoir et d'entasser de l'argent. Non, l'économie qui rend le cœur sec, qui conduit à l'avarice par une prudence excessive, n'est pas la véritable économie. Faire du bien, obliger, donner, sont des émotions aussi délicieuses qu'à envier. Plaignons à cet égard ceux qui désirent sans pouvoir se satisfaire, et disons que peut-être l'économie eût placé sous leurs mains les moyens qui leur manquent. Ajoutons que ce n'est pas dans des ménages habitués à tout dépenser pour le plaisir, mais dans ceux qui savent calculer et se restreindre, que l'infortune trouvera plus sûrement le secours qu'elle réclame.

Ainsi plus nous serons économes et rangés, plus nous pourrons faire de bien. Le

pauvre, dans sa misère, notre ami, dans le
besoin, pourront compter sur autre chose
que sur des vœux stériles pour un sort
meilleur. Rien donc n'est à dédaigner dans
vos devoirs, jeunes époux. L'économie de
cinquante centimes viendra se joindre à
cette somme que vous destinez à soulager
ce qui souffre, et séchera une larme de
plus. Une chaine admirable unit en effet
tous nos devoirs. La vie positive et matérielle se coordonne avec ce que la vie
morale a de plus relevé, et l'homme est
sans cesse invité à offrir la plus belle de
toutes les harmonies, celle du cœur et de
la raison.

LA VIE EXTÉRIEURE.

CHAPITRE III.

LA VIE INTÉRIEURE.

—

La lune de miel a développé dans le
cœur des époux les vives et fortes affections dont la flamme doit briller toujours.
Ils ont réfléchi d'un autre côté à tout ce
que leur position de fortune pouvait leur
permettre ou leur défendait. La vie conjugale a commencé pour eux avec ses
douces joies, ses gracieuses espérances,
mais entremêlée de ces réflexions sérieuses,
de ces prévisions de chances défavorables,
qui ne permettent pas qu'on s'éblouisse sur
un avenir qui recèle de noirs nuages

comme un ciel pur. En un mot, le voyage
a commencé sous d'heureux auspices, et le
vent, qui enfle les voiles, donne au navire
une vive et forte impulsion. Mais la course
sera longue, peut-être difficile. Après avoir
marché longtemps, les voyageurs auront
besoin du même courage, de la même prudence, d'un dévouement pareil à celui qui
les animait dès leurs premiers pas.

Jeunes époux, faites donc provision de
courage et de prudence comme de tendresse, car vous vous êtes à peine donné
la main en signe de l'alliance nouvelle, que
commencent vos devoirs et les difficultés
de leur accomplissement. Ce n'est pas tout
que des caresses et des accents d'amour, la
jeunesse en est prodigue tant que ses sens
sont charmés, mais il importe que l'union
conjugale se fortifie par de bien autres sympathies. Il lui faut une estime que la réflexion
ne fasse qu'augmenter, un dévouement que
les épreuves fassent ressortir d'une ma-

nière toujours plus convaincante, un accord de caractère que les inégalités, la
mauvaise humeur, les infirmités de l'intelligence humaine pourront quelquefois
troubler, mais jamais détruire.

, Assouplie, subjuguée par les premières
délices de la lune de miel, la volonté de
chaque époux s'est d'abord comme annihi-
lée. Mais cette complète abnégation n'est
pas dans l'ordre de la nature, et chacun ne
tarde pas à redevenir soi. Le sentiment de
l'indépendance réagit alors contre une sorte
d'asservissement; on examine avec plus de
sang-froid ces nouvelles relations qui ont
changé la liberté du célibat en une domina-
tion que le cœur a d'abord aveuglément
acceptée, mais à qui la raison ne tarde pas
à demander ses titres et son pourquoi.

C'est une heure solennelle que celle-là!
enveloppée de mille liens qui se déroulent
comme les brasses qui vont sonder une mer
sans fond, l'homme étonné semble s'y trou-

ver mal à l'aise; son imagination tourmentée lui offre de ces jours sombres qui peuvent troubler la paix de sa vie. Une jeune
femme de son côté, livrée à un pouvoir
dont elle sent toute la force, s'effraie d'un
de ces moments où le regard qui se dirige
sur elle est sérieux, où la voix qu'elle entend prend une expression moins tendre que
celle qui l'avait tant charmée. Sa pensée se
reporte vers cette maison paternelle qui
protégeait son inexpérience, où toute crainte
se dissipait sur le sein maternel. En un mot,
l'inquiétude, la peur viennent agiter et faire
souffrir deux cœurs tout à l'heure si con-
fiants l'un dans l'autre.

Rassurez-vous, jeunes époux qui vous
aimez et qui aimez la vertu. Vous n'êtes
parfaits ni l'un ni l'autre, vous vous en
apercevrez souvent. Les premières découvertes désenchantent, parce que l'homme
rêve toujours mieux qu'il ne peut avoir,
mais il n'en existe pas moins entre vous un

fond commun de tendresse, un respect de vos devoirs, où chacun puisera la tolérance, l'indulgence que les défauts rendent nécessaires, et que les bonnes qualités rendent faciles. Peu à peu des sacrifices seront faits de part et d'autre ; on abandonnera des idées, des goûts qui déplaisent à l'un, on se pliera à des habitudes dont le changement est impossible à l'autre. Il y a en pareil cas pour les bons cœurs et les esprits droits un instinct, un tact qui sert merveilleusement.

Qu'un sot amour-propre n'arrête jamais celui à qui sa raison dicte une concession. Celui qui cède est d'ordinaire le plus raisonnable, souvent encore c'est celui qui aime le mieux. Bientôt des condescendances mutuelles rassurent chaque personnalité. Des dissentiments existent, mais ils ne se changent pas en véritable hostilité ; aucune volonté ne devient tyrannique ; la pensée que l'on fera de la peine à ce qu'on aime, arrête toute mauvaise résolution, et la paix du ménage s'établit sur des bases que rien ne détruira plus.

La paix du ménage, pour beaucoup c'est l'Elysée du mariage, le *nec plus ultra* de sa douceur. Et par cette paix qu'entendent-ils ? Un certain accord dans les volontés, point de bruit entre les époux, des repas tranquilles, dans le monde de bonnes façons de mari et femme, rien enfin qui occupe le public et attire ses lazzis ou son blâme. Du reste, chaque époux jouit de sa libre allure; Monsieur a ses habitudes, Madame a les siennes ; telle personne qui déplaît souverainement à Monsieur est l'amie de Madame et réciproquement. Les époux sont entr'eux polis et gens à bons procédés; on se consulte sur les intérêts communs. Les questions d'argent, de vanité, de ménage sont résolues de bon accord, mais, excepté cela, chaque cœur a ses joies à part, ses rêves particuliers, ses affections, intimes peut-être. Les époux sont deux associés qui marchent assez de concert, qui aiment la tranquillité et font cas de l'opinion. Mais est-ce là la fusion intime qu'il faut au mariage, et d'où découleront ses jours les plus doux comme l'accomplissement de ses plus graves devoirs?

Je ne le crois pas. Vivre en paix est quelque chose sans doute. C'est même beaucoup en comparaison d'un ménage que troublent la discorde et la désaffection. Mais ce n'est pas remplir dans toute son étendue la mission confiée à ceux qui ne doivent former qu'une même chair et qu'un même sang. Il faut que les deux âmes se touchent par tous leurs points de contact pour ainsi dire.

S'entretenir de tout ensemble, faire converger les volontés vers le but le plus agréable à tous deux, ne regarder comme ses plus doux plaisirs que ceux qui peuvent être partagés, ne pas éprouver de peine qui ne soit confiée pour être adoucie par un cœur

dont elle deviendra aussi le chagrin ; manifester franchement un mécontentement qui,
dissimulé et nourri par un souvenir amer,
finirait par ressembler à de la haine ; aimer
si bien et si loyalement que jamais soupçon
injurieux, défiance jalouse ne viennent tour-
menter le cœur qui l'éprouverait, et blesser
l'époux qui en serait l'objet ; se rendre enfin
l'habitude de vivre ensemble si douce et si
intime que le toit conjugal soit la demeure
par excellence ; que, loin de lui on rêve au
doux accueil qui nous y attend, et que le
bonheur de s'y retrouver surpasse toutes
les autres jouissances : voilà la vie d'affection et de confiance qu'il faut aux époux,
vie de paix, de sécurité sans doute, mais de
cette paix qui donne du bonheur, fait éclore
pour chaque jour une tendresse nouvelle,
qui ne s'interrompt que pour devenir plus
profonde, bien différente de cette autre paix
qui n'est que de la prudence et de la cir-
conspection.

Mais pour arriver à ces bonnes relations, qui sont le plus grand bonheur que Dieu ait accordé à l'homme ici-bas, pour les nourrir et les conserver toujours, il importe que l'existence des jeunes époux soit coordonnée de manière à ne laisser faillir aucune garantie.

Deux âmes qui doivent n'en former qu'une ne peuvent être trop rapprochées. L'harmonie sera d'autant plus profonde que les éléments en seront plus multipliés, et deux époux seront d'autant plus heureux qu'ils vivront plus ensemble. Que la vie intérieure, que ses devoirs, comme ses plaisirs, deviennent donc la base sur laquelle s'élèvera cet édifice que les vents ne renverseront point.

Quelquefois les jeunes époux regardent la première année du mariage comme une époque qui doit être consacrée au plaisir, et la première habitude qu'on leur voit prendre, c'est de ne plus passer une soirée chez eux. Quand ensuite les assujétissements de la naissance des enfants viennent à retenir quelque temps chez eux ces mêmes époux, c'est une gêne qu'ils brûlent de voir cesser, et à peine les enfants peuvent-ils être abandonnés à des domestiques, que Monsieur et Madame ont repris des habitudes que le temps ne fera que fortifier, et qui deviendront un tel besoin, que la soirée passée chez soi sera une triste exception, que le tête-à-tête du mari et de la femme sera regardé comme fastidieux et plein d'ennui. On reviendra volontiers chez soi pour y manger et pour y dormir, mais à part cela, tout le plaisir que l'on attend doit venir du dehors. Sous le toit domestique, il n'y a que des devoirs pénibles à remplir, des enfants dont il faudrait diriger soi-même l'éducation, des domestiques à surveiller, une comptabilité à tenir, des affaires à soigner ; c'est un fardeau dont il faut chercher à se débarrasser ou rendre le poids le plus léger possible.

Imprudents époux ! pauvres logiciens ! croyez-vous que ce soit là le moyen de ne pas vous ennuyer, d'éviter les soucis et les chagrins? Attendez quelques années, et bientôt leur triste cortége remplacera la foule légère et rieuse qui vous entourait. Des enfants mal élevés feront à votre cœur plus d'une cruelle blessure ; la mauvaise conduite de vos domestiques vous causera mille tourments, et les résultats d'une administration négligée exerceront sur le bien-être de la famille une influence plus funeste encore. Alors des plaintes, des querelles, des reproches. Les paroles seront d'autant plus aigres que les accusations seront mieux fondées, et le rétablissement de l'ordre, d'autant plus difficile que des habitudes invétérées ne se changent plus guère. On ne sait plus faire autrement que comme on a fait toujours, et le lendemain du jour où chaque époux a promis de se corriger, on les voit l'un et l'autre se tenir quitte de leurs promesses réciproques, et recommencer le passé. A voir cette persistance des esprits légers et mondains à ne se trouver bien que hors de chez eux, on serait tenté de croire que la vie qu'ils se sont créée est le meilleur calcul en fait de bonheur, et qu'en eux il faut voir les privilégiés d'ici-bas. N'ont-ils pas en effet substitué à la gravité du devoir l'importance du plaisir, une existence riante et animée à la vie sérieuse et sédentaire? Dans ces salons du monde élégant où l'on se croit modestement une réunion de supériorités incontestables, ne sont-ce pas les personnes dont nous parlons qui jouent le premier rôle, jouissent de la plus grande considération ? La jeune femme, couverte de riches parures, étourdie, coquette, précipitant son mari dans de folles dépenses, le mari rivalisant de son côté avec tout ce que la jeunesse qui l'entoure a de plus énergique dans les passions du jeu, des chiens, des chevaux, etc., etc., le ménage enfin le plus débarrassé de ces entraves que l'esprit bourgeois, les intelligences rétrécies savent si sottement se créer, ce ménage du beau monde ne sera-t-il pas partout envié, recherché, proclamé charmant et parfait?

Jeunes époux, ne vous y méprenez pas, le bonheur n'est pas le plaisir. Celui-ci peut exister sans le premier, tandis qu'il n'est jamais de bonheur sans plaisir, et de l'espèce de celui que le cœur trouvera toujours le plus doux.

Vous avez votre choix à faire, au début du mariage, et ce choix il faut le faire tout de suite. Si vous tardez, vous ne serez plus libres, peut-être. Il est difficile de se roidir contre ce qui a plu longtemps ; il ne faut pas manquer le moment où le devoir et le bonheur vont marcher de concert, et former entre eux une précieuse réciprocité.

5*

Sachez distinguer les douces émotions du
cœur des jouissances de la vanité. Celle-ci,
passion des petites âmes, des têtes faibles,
fait tout dépendre de l'opinion du monde.
Pour elle, le devoir c'est la mode ; éviter le
ridicule (imprimé d'ordinaire par les sots)
est sa première vertu. Et à côté de ces grâces légères des gens du beau monde, de ce
laisser-aller de bonnes gens, de ces mœurs
souples et faciles qui vous séduisent, savez-
vous ce qu'une observation pénétrante vous
fera trop souvent découvrir ? L'absence de
sentiments religieux, une corruption profonde sous des dehors aimables, une probité
équivoque, une cupidité qui sait mieux se
déguiser que dans les classes auxquelles
manque le vernis de l'éducation, mais qui
dans les actes d'indélicatesse n'en est pas
moins odieuse ; des liens de famille ou
rompus, ou si relâchés que le pouvoir pa-
ternel, le respect des liens conjugaux ne
sont plus que d'impuissantes barrières, en-

fin un égoïsme qui recule devant le sacrifice
et le dévouement et qui ne s'émeut qu'à
l'aspect du plaisir.

Hâtons-nous de rentrer dans ce sanctuaire
domestique, où deux êtres bons et vertueux
se confondent dans une même existence, et
là nous verrons deux âmes s'épurer de plus
en plus, faire estimer leur probité par tous,
donner l'exemple de l'ordre, de l'économie,
de l'amour de la règle, entretenir de douces
relations de famille, ne connaître le monde
que pour y trouver quelques distractions
d'autant plus rares qu'on l'appréciera mieux,
serrer les nœuds d'une amitié forte et solide avec des personnes qui leur ressemblent, et au lieu de ces visages fatigués, de
ces airs ennuyés, de ces traits flétris qu'on
remarque chez ceux qui ont fait du plaisir
le pivot de leur existence, offrir l'expression de la plus douce sérénité.

Ainsi, jeunes époux, pour être vraiment
heureux, il faut être beaucoup ensemble.

Ne vous contentez pas non plus de l'union de vos cœurs, joignez-y encore celle de vos intelligences. Lisez, raisonnez, instruisez-vous ensemble, éclairez-vous mutuellement, entretenez-vous souvent de vos obligations si diverses, et arrivez enfin à une telle habitude de penser, de sentir de concert, que ce soit devenu un besoin qui domine tous les autres, une jouissance qui ne soit différée ou suspendue que pour devenir plus vive et plus intime.

Dans plusieurs ménages, on vit bien ensemble, mais on ne vit pas intimement. Je sais que souvent on ne se comprend pas : il y a trop d'inégalité entre les moyens pour que les sympathies puissent se multiplier. Ce sont deux instruments qui ne marieront jamais bien leurs accords : chacun a comme un diapason différent. Mais je ne m'adresse pas à ceux qui, en s'épousant, ont méconnu les convenances de première ligne, les convenances morales. Que ceux-là subis-

sent la destinée qu'ils se sont volontaire-
ment faite !

Mais quand la raison et le cœur se sont
entendus dans le choix que deux époux ont
fait l'un de l'autre, tous les éléments d'un
accord parfait sont là, et la vie intérieure
ne tardera pas à les produire. Et remarquez
qu'une fois cette harmonie établie, ces douces habitudes prises, c'est un bien qu'on
ne perdra plus. Une existence qui puise en
soi sa force et son indépendance, sera pour
jamais assurée aux époux. L'atmosphère
dans laquelle ils auront vécu, leur sera devenu indispensable. Les séductions d'un
sort plus brillant, d'une notable augmentation de fortune, n'égareront pas deux cœurs
riches d'une affection, pour eux bien supérieure aux honneurs et à l'argent, et les
coups du sort les feront se serrer encore
plus près l'un de l'autre.

L'auteur d'un livre excellent (1) a dit que

(1) M. de Gérando : *Du perfectionnement moral.*

la vie de l'homme n'est qu'une grande éducation dont le perfectionnement est le but.
Que les époux s'appliquent ce précepte si
fécond en heureuses conséquences. Ils le
doivent d'autant plus que la tâche pour eux
en sera plus facile. L'homme isolé est réduit
à ses propres forces. Il est seul pour voir
ses imperfections, il est seul pour s'en corriger. Deux époux au contraire s'aideront
l'un par l'autre. Un œil plus clairvoyant
découvrira le mal, un cœur bon et dévoué
appliquera le remède.

Admirable effet du mariage, et qui prouve
combien cette union est sainte, à quel haut
degré elle entre dans les vues de la Providence ! C'est par le mariage que l'homme
et la femme s'améliorent et se perfection-
nent, que leur intelligence s'élève, que leur
cœur se dégage de passions mauvaises qui
troublent quelquefois le ciel pur qui brille
sur eux, mais pour lui laisser ensuite son
azur, sa douce lumière, sa chaleur vivifiante !

Au nombre des moyens qui doivent con-
tribuer le plus puissamment au perfectionnement des deux époux, il faut compter la
lecture. L'empire des idées sur les sentiments, et par suite sur les actions, est un
fait trop certain, pour que de jeunes époux
ne considèrent pas leurs lectures comme
un point digne de toute attention. Combien
d'heures précieuses l'on perd dans la lecture d'ouvrages qui n'apprennent rien, qui
ne donnent pas les émotions qu'on y cherche, et qui laissent l'âme vide, comme ces
substances insapides qui touchent le palais
sans l'affecter ! Que de moments plus mal
employés encore à dévorer ce livre qui
agite et remue fortement, il est vrai, mais
qui dépose dans l'âme un germe funeste,
le goût des sensations désordonnées, corruption que des lectures mauvaises amè-
nent en silence et par degrés, et dont plus
tard un scandale public révélera toute la
profondeur !

Les femmes, à qui si souvent une éducation légère et molle fait redouter tout ce qui est sérieux, sont trop portées à ne chercher dans les lectures que de l'amusement, et il n'y a qu'un mari alors qui puisse leur donner le goût de lire pour apprendre. Qu'un époux ne soit donc pas toujours à lire et à méditer seul ; qu'il lise aussi avec celle qui ne doit pas savoir autant que lui sans doute, mais qui n'a pas moins beaucoup à apprendre, à qui sera confiée la première éducation des enfants, et qui est digne d'ailleurs de s'associer à tout ce que la vie publique et privée de son mari peut offrir de grave et d'important.

De bonnes lectures faites en commun, formeront chez de jeunes époux l'habitude de bien observer, rendront plus intime et plus éclairé le sentiment du devoir, et les observations judicieuses, les réflexions sensées, l'étude de ce qui est beau, utile et bon, feront de plus en plus aimer les livres

qui donnent une instruction solide, au lieu
d'un amusement stérile, qui améliorent au
lieu de corrompre.

Si, dans ce mouvement social que les
événements qui nous ont agités depuis 30
ans ont rendu parfois trop rapide et trop
peu mesuré, une foule de productions scan-
daleuses sont venues trop souvent affliger
la pudeur publique ; si, dans ses habitudes
extérieures, la société, prise en masse,
semble avoir pris goût aux images révol-
tantes et préfère l'horrible au beau, le faux
au vrai ; si les plaisirs délicats du théâtre
se changent en obscénités dont le scandale
effraie la mère la moins prévoyante, la
moins jalouse de cette auréole de pureté
qui doit entourer sa fille, qu'il s'ouvre au
moins un sanctuaire où la vertu respire à
son aise, où la pudeur de l'âme soit en sû-
reté, où le livre qui s'ouvre, où la pièce de
théâtre qui se lit, instruisent ou amusent
noblement, et enseignent que le vice est
odieux, l'immoralité dégoûtante.

Ce sanctuaire, cet asile sûr, c'est à vous
qu'il appartient surtout de l'élever, jeunes
époux. Eloignez de vous les mauvais livres
comme les liaisons dangereuses. Pénétrez-
vous d'un saint respect pour vos devoirs.
Obéissez à la règle qui vous conduit au bien.
Il est temps, en effet, que la vie de famille
réagisse contre les mœurs publiques. Il est
temps que ce dévergondage immoral, ce
pêle-mêle pitoyable de systèmes sur la destinée de l'homme et de la femme, trouvent
dans les principes fermes et précis d'un
grand nombre de familles, une barrière qui
rejette en dehors d'elle tout ce qui est indi-
gne de la franchir.

Une foi conjugale qui emprunte à la foi
religieuse son dévouement et son indissolu-
bilité; des parents honorés et respectés; des
enfants élevés au bien par une éducation
grave et ferme; des domestiques soumis et
fidèles; une économie inspirée par la mo-
dération des désirs, dirigée par un esprit
d'ordre inaltérable; tout ce qui fait enfin le

bonheur de la famille et sa gloire, voilà les
besoins moraux qu'il faut satisfaire, voilà
le signe infaillible du progrès, voilà les véritables lumières, celles dont le reflet, s'é-
tendant de la vie privée sur la vie publique,
fait le citoyen soumis aux lois, dévoué à sa
patrie, et ne voulant pour elle que ce qui est
généreux, juste et grand. C'est alors seulement que notre nation, si vaine et si prompte
à se proclamer le centre et la source de
toute civilisation, verra les autres peuples
accorder autant d'estime à ses mœurs, à sa
raison, que d'admiration à ses qualités brillantes. Si nous aimons la liberté, sachons
aussi que nous n'arriverons à celle qui est
solide et véritable que par la morale, et la
morale c'est surtout le mariage avec tous
les devoirs qui en découlent.

Mais dans ce sérieux accomplissement de
tant de devoirs, me dira-t-on, que deviendront les arts, ces doux compagnons de la
vie? Est-ce qu'il faudra y renoncer? N'y

aura-t-il plus de fleurs à cueillir dans cette course si longue et si laborieuse?

Les arts resteront sous le toit conjugal, ils en augmenteront les beaux jours, mais ils n'y tiendront que la place qui doit leur appartenir ; ils n'y feront naitre que ces pures et délicieuses inspirations qui sont le signe véritable de leur céleste origine. Une sonate à jouer dans un concert, un air à y chanter, ne sera pas l'unique affaire de mois entiers ; un tableau à faire figurer dans une exposition, ne fera pas tout négliger pendant une année, oublier les soins du ménage, et ne plus faire trouver de jouissance que dans les émotions d'un triomphe toujours incertain, et si souvent changé en vanité blessée, en orgueil confondu. On ne verra pas non plus, sous le prétexte de sympathie pour les beaux arts, Madame recevoir des cavaliers beaucoup plus occupés de la séduire que de développer ses talents en peinture ou en musique.

Monsieur n'ira pas non plus chanter au piano d'une autre femme bien plus aimable que la sienne, et dans un doux tête-à-tête, des romances d'amour, si ternes sans l'expression qu'il faut y mettre. Les arts doivent s'épurer sous le toit conjugal. Je ne sais si cette musique molle et efféminée, qui ne sait qu'affaiblir l'âme et l'énerver, n'en doit pas être bannie. Ce n'est pas un sentiment de langueur, une excitation nerveuse, maladive, qui doit être l'émotion journalière de deux compagnons à qui le courage, la force de caractère sont si nécessaires. Quant aux sujets qui occuperont leur crayon ou leur pinceau, de jeunes époux se rappelleront que leurs enfants les contempleront un jour; que la nature physique est riche de ces images gracieuses que l'innocence peut contempler sans péril, et que la nature morale a mille actions nobles et grandes, parmi lesquelles ils peuvent choisir et dont les tableaux renfermeront de précieux enseignements.

Je viens de parler des conditions du bonheur intérieur, de ces rapports affectueux et raisonnables qui doivent fonder sur des bases durables l'harmonie domestique; mais au-delà de ces rapports si précieux à établir, de ces harmonies si douces à maintenir, il est une harmonie qui les domine toutes, parce qu'elle a un caractère encore plus pur, plus important, je veux parler de celle des sentiments religieux. Ce n'est pas assez que deux âmes soient unies par une affection comme par un dévouement réciproque, il faut encore que tout cela soit fortifié, sanctifié par une même foi dans le Dieu qui éclaire, qui soutient et qui console.

Je ne sais si je m'abuse, mais cet accord est rare, et il ne l'est pas seulement dans les ménages où règne l'indifférence, mais aussi dans ceux où les principes d'une religion positive sont ceux des deux époux. Chez ces derniers, en effet, le sentiment religieux est quelque chose d'isolé, qui

existe et se pratique à part. La femme et le
mari accomplissent chacun leurs devoirs
de religion séparément, et toutes les communications qui ont lieu entr'eux à cet
égard, se bornent tout au plus à savoir ce
que chacun a pu faire de son côté.

Je sens tout ce qu'a de secret, de mysté-
rieux même l'élan de l'âme vers le Dieu
qu'elle implore, et loin de moi la pensée de
troubler en rien cette faculté si précieuse
au cœur qui s'y livre. Mais en dehors de
ces communications intimes et saintes entre
l'âme et Dieu, ne doit-il pas encore se manifester autre chose, et dans les moments
qui charment la vie intérieure, qui resserrent l'affection, ne faudra-t-il pas compter
ces lectures pieuses, ces entretiens sur Dieu
et ses vues, d'où le cœur ne peut sortir que
meilleur et l'esprit plus éclairé?

Quand la femme sera placée sur le lit de
souffrance où sa destinée l'appelle si souvent, ne trouvera-t-elle pas un allègement
plus grand dans des soins parmi lesquels

figureront des lectures qui rappellent Dieu et ses promesses, et que suivront des réflexions où la résignation n'exclura pas la sensibilité? Et quand à son tour le mari verra le doute ébranler sa raison, le découragement abattre son âme, ne sera-t-il pas heureux d'écouter une voix, qui, se fortifiant des sages paroles qu'elle lira, ramènera cette raison qui s'égare, et ce cœur qui, pour ne plus rien croire, risquerait de ne plus rien aimer!

Maris, qui envoyez vos femmes et vos enfants à l'église, pourquoi ne voulez-vous pas ou craignez-vous d'y paraître? Pourquoi dans vos maisons, dont vous n'êtes les chefs que sous de graves conditions, ne vous verrait-on pas honorer et pratiquer le sentiment religieux?

Et ne serait-ce pas une grande douceur que de prier avec ceux qui prient pour vous? Pourquoi ne seriez-vous pas vous-mêmes les lecteurs et les commentateurs des pieux enseignements dont la pratique

est la plus solide base du bonheur de votre
famille? Ce sacerdoce n'a rien de pénible
ni d'assujétissant. Il doit être au contraire
accompagné d'une satisfaction dont nulle
autre jouissance ne sera l'équivalent. Par
là aussi vous serez dispensés d'être hypo-
crites envers ce fils, qu'à dix ans vous as-
treignez à des rites que vous ne pratiquez
pas, et qui, à vingt, brisera sans remords
et sans pitié les faibles liens qu'il verra que
son père n'a pas non plus respectés.

Mais si votre piété a préparé la sienne,
s'il a appris de votre bouche à honorer
Dieu, à se soumettre à sa volonté sainte;
s'il a prié près de vous; si, dans ces moments où le cœur d'un père est sublime
d'affection envers les siens, de confiance
en Dieu, il vous a entendu demander d'une
voix plus émue et plus pénétrée, pour
vous, pour votre femme, pour vos enfants,
un rayon de cette miséricorde que nos faiblesses et nos misères rendent si néces-

saire, ne craignez rien, un germe précieux est déposé dans le cœur de votre enfant, et il y restera malgré la violence et le déchaînement des passions.

Et vous, femmes, vous dont le sein a conçu, dont le sang a nourri ces innocentes créatures objet de tant d'amour, faudra-t-il vous demander d'être pieuses, d'aimer Dieu, et de le faire aimer ? Ah ! comprenez-moi bien, ce que je sollicite de vous, ce n'est pas de vous contenter d'une froide apparition dans une église, à des intervalles plus ou moins rapprochés, même d'une stricte observance de ce que votre religion vous enseigne à chacune. Hélas ! je ne vois souvent dans tout cela que des formes sans réalité, des habitudes plutôt respectables qu'une piété vivace et éclairée : mais la religion que je vous demande, c'est la pensée de Dieu unie à tous les actes de votre vie intérieure, embrassant votre mari, vos enfants, vos domestiques ; se manifestant sous les dehors de la douceur, de la bonté, de la charité, pensée profonde, inaltérable ; pensée d'amour et de devoir, et laissant après vous le souvenir de la vie pure et dévouée qui doit exercer une sainte influence sur ceux qui vous survivront.

La vie intérieure ! n'est-ce pas là que s'accomplit la destinée de la femme, n'est-ce pas là surtout que Dieu l'appelle au plus beau rôle qu'elle puisse jouer ? N'y est-elle pas la source de toute pureté, de toute sainteté ? Qui donc y invoquera le nom de Dieu, si la bouche de l'épouse ne l'a pas prononcé la première ? qui donc y priera, si la femme ne prie pas ?

Jeune épouse, vous en qui la grâce et la fraicheur des sentiments ajouteront si puissamment aux enseignements d'une piété sincère, comprenez combien votre mission est grande. Vous êtes appelée à faire régner dans l'intérieur de la famille, la paix, l'ordre et le bonheur ; mais au-dessus de ces devoirs humains plane un devoir plus sublime, c'est de placer les plus douces rela-

tions du cœur sous la sanction de Dieu. Si
jamais la femme fut investie de fonctions
véritablement sacrées, c'est quand elle est
épouse et mère.

Jeune épouse, soyez donc pieuse, pour
que tous le soient avec vous; qu'une harmonie céleste, dont vous serez à la fois
l'âme et le principe, fasse souvent entendre
ses doux accords dans cette demeure où il
faut qu'on aime Dieu comme on s'aime :
rappelez-vous ces paroles d'un livre auquel
vous ne pourrez trop souvent recourir :
« Sans moi, toute amitié n'est ni bonne, ni
» durable et toute affection dont je ne suis'
» pas le lien, n'est ni véritable ni pure (1). »
Quelle que soit la félicité que fondent des
vertus réciproques, une mutuelle tendresse,
les qualités les plus distinguées du cœur et
de l'esprit, rien n'égalera le bonheur ou les
consolations du ménage au sein duquel sera
la paix de Dieu et son amour.

(1) *Imitation*, livre III, chapitre 42.

LES ENFANTS.

CHAPITRE IV.

LES ENFANTS.

—

Lorsqu'une révélation, qui doit si vivement émouvoir le cœur des jeunes époux
et de deux familles si préoccupées de tout
ce qui les intéresse, vient à se manifester,
que la jeune mère se rappelle l'Annoncia-
tion si touchante de Celui qui venait sauver
le monde. La révélation que chaque mère
reçoit lui vient aussi de Dieu, de Dieu qui
a sanctifié son union, et qui va lui en confier les fruits les plus précieux. Que la jeune
épouse se dise donc avec autant d'humilité
que de reconnaissance, et en implorant le

secours de la Mère des Anges, qu'un regard de la bonté divine a aussi lui sur elle, et que son sein a été béni ; que dès lors va s'ouvrir une série de devoirs, qui ne cesseront pour ainsi dire que le jour où l'enfant qu'elle attend lui fermera les yeux.

Elever les enfants est sans doute un devoir commun aux deux époux, mais avant même que l'enfant voie le jour, la mission de la mère commence. C'est elle que Dieu a choisie comme son instrument principal dans la création de l'être qu'il appelle à la vie ; mission que la souffrance et l'inquiétude accompagneront souvent, mais que la jeune femme acceptera avec résignation, car elle se rappellera qu'il a été dit à Eve cette parole sévère sous laquelle il faut s'incliner : Tu enfanteras dans la douleur. Que le dévouement par lequel les jeunes mères sont si jalouses de prouver leur tendresse, se montre donc dès le moment où la grossesse devient positive. L'être qui se déve-

loppe dans leur sein vit de leur propre vie,
et doit y puiser son aptitude à vivre aussi.
Que la jeune femme se conforme aux habitudes qui entretiennent la force et la santé.
Qu'elle laisse de côté ses intérêts de coquetterie et qu'elle sache d'ailleurs qu'elle se
pare de grâces d'un autre genre. Rien n'intéresse, rien n'est touchant comme l'aspect
d'une jeune femme qui doit bientôt devenir
mère, et qui semble surtout préoccupée de
l'être que Dieu lui a promis, s'oubliant pour
l'enfant qu'elle attend, et comprenant qu'aux
idées légères et toujours égoïstes de la
jeune femme trop occupée de plaisirs, doit
succéder la pensée grave et réfléchie, le
sentiment profond du devoir de la jeune
mère. Bien différente alors de la femme au
cœur sec, à la vanité aveugle, qui veut lut-
ter contre des traits qui changent, une
taille qui se déforme, qui veut continuer des
plaisirs, des veilles auxquels il faudrait renoncer, et qui, en compromettant sa propre

santé, compromet celle de l'être qu'elle doit
mettre au jour ; tandis que la jeune mère
qui s'oublie pour le fruit qu'elle porte, en
sera récompensée par la vigueur de l'enfant
qu'elle mettra au monde, et y trouvera des
joies maternelles d'autant plus vives, quand
elle pressera dans ses bras un enfant plein
d'une vie et d'une force auxquelles elle aura
grandement contribué.

Que l'époux, de son côté, s'associe à tout
ce que réclame cette attente d'un bonheur
qui doit être aussi le sien. Une grossesse
est bien souvent un état pénible : non-seulement la femme souffre de malaises ou de
douleurs physiques, mais parfois son moral
est profondément affecté. Elle entrevoit
avec effroi le jour de son accouchement, et
des paroles de découragement, d'une
frayeur pleine d'angoisses, un pressenti-
ment d'une mort prématurée contrebalan-
cent les douces espérances de la maternité.

C'est donc à celui dont la tête est plus

froide, le cœur plus ferme, l'esprit plus
éclairé, à calmer ces tristes appréhensions,
à relever ce courage qui l'étonnera lui-
même plus tard, au grand jour de l'épreuve,
mais qui, dans les temps qui la préparent,
a besoin d'être soutenu. Rien ne touche
plus, rien ne va mieux au cœur de la femme
que les soins, les attentions, les sollicitudes
que son époux lui prodigue quand elle
souffre. Et quand le moment de la crise
approche, quand l'être que tant de vœux
appellent semble lui déchirer les entrailles, que la main de son époux presse la
sienne ; que sa tête s'appuie sur le sein de
celui-ci. Ici point d'égoïsme de mari déguisé
sous le nom de trop grande sensibilité. Qui
s'éloigne est presque un lâche. Dans ces
moments d'une douleur suprême, que les
mains soient unies comme elles le furent
au pied de l'autel, et sous l'inspiration d'une
ferveur plus grande encore, car dans ces
solennels instants où les époux espèrent,

où l'accoucheur attend, Dieu seul prononce.

Quand le jour attendu est un jour de bénédiction, un nouveau sentiment surgit
tout à coup dans le cœur des époux, sentiment dont ils ne comprennent la force qu'en
l'éprouvant, et qu'ils doivent considérer
comme la manifestation de la volonté divine.

Plus on réfléchit à ces sentiments qui naissent dans le cœur de l'homme avec une
énergie toute spontanée et qui, loin de s'affaiblir avec le temps, puisent dans leur durée une force nouvelle, que la conscience
approuve et encourage, plus on sera con-
vaincu que ce sont des inspirations éma-
nées de Dieu lui-même.

Mais c'est surtout au cœur de la mère que
le rayon divin se fait sentir. A partir du
moment où le premier cri de son enfant a
réjoui son âme en calmant ses souffrances,
commencent pour elle une vie nouvelle, des
devoirs profonds, des joies inconnues, des
ravissements que la fleur qui va s'épanouir

sur son sein et sous ses caresses rendra de plus en plus délicieux! Aux yeux de son époux, la jeune femme acquerra un charme de plus, et plus elle se pénétrera de ses devoirs de mère, plus ce charme sera grand. Heureuses celles à qui leur force et leur bonne santé permettent de remplir dans toute leur étendue les obligations maternelles, et qui nourrissent de leur lait l'être qu'elles ont d'abord nourri de leur sang! La femme du riche a rarement le bonheur de la femme du peuple. Celle-ci, élevée sans mollesse, fortifiée de bonne heure par le travail, nourrit elle-même son enfant, calme ses douleurs et obtient son premier sourire. Mais la femme riche, qu'on a tant préservée du froid et de la fatigue, qui n'a connu que les veilles du plaisir, est obligée le plus souvent de partager les fonctions de la maternité avec une étrangère chargée d'allaiter son enfant. Mais que ce ne soit pour la mère ainsi déshéritée de l'une de ses plus douces

7

prérogatives, qu'un motif de plus pour veiller sur son enfant, et sur celle dont il presse le sein, jusqu'à ce qu'arrive enfin le jour où il n'y aura plus d'intermédiaire entre la mère et l'enfant, et où la première n'offrira plus qu'elle-même pour être la dispensatrice de tout ce que le fruit de ses entrailles réclamera de soins et de dévouement.

Ces années-là n'ont pas un horizon toujours serein, sans doute. Bien des craintes, des soucis viennent les traverser, quand la fleur naissante menace de s'étioler, ou quand tout à coup un vent violent tente de la déraciner. Mais aussi que de joies au cœur qui peut se rassurer! Quand la rose reprend tout son éclat, que d'émotions délicieuses, et dont Dieu, qui veille sur la mère et sur l'enfant, a seul le secret!

Alors commence véritablement entre la mère et l'enfant cette vie intime qui doit exercer sur celui-ci une si notable influence. Qu'une jeune mère en soit bien convaincue, c'est elle qui éveille dans le cœur de son enfant ces premiers sentiments dont souvent l'empreinte reste ineffaçable. On demande au fils d'un père illustre de lui ressembler ; mais Dieu n'a pas transmis les talents, les aptitudes comme la vie, du père au fils. Il y aurait eu des familles trop privilégiées. La haute intelligence, la grandeur d'âme, la sainteté, l'héroïsme n'appartiennent exclusivement à aucune famille ; ils peuvent se produire dans tous les rangs, dans les plus humbles comme dans les plus élevés, comme ces fleurs charmantes qui croissent partout, et qui semblent même briller d'un éclat d'autant plus vif que le lieu où on les rencontre est plus inculte et plus retiré.

Mais une transmission plus certaine, une influence qui pénètre jusqu'aux fibres les plus intimes du cœur d'un enfant, c'est celle des sentiments de la mère. Combien il est à désirer que cette infusion maternelle, si j'ose m'exprimer ainsi, se fasse sous l'empire de sentiments raisonnables, dévoués, pieux, dont soit rempli le cœur d'une jeune mère, et que la grâce et la gaieté rendront si insinuants. Saint François de Sales a dit avec ce charme que tout le monde connaît : « L'arbre porte son fruit pour l'homme, la femme porte son fruit pour Dieu. » Oui, cette petite créature qu'une jeune mère entoure de tant d'amour, cet enfant qui donne à celle qui l'a porté dans ses flancs tant de douces émotions, cet enfant n'a été paré de tant d'attraits que pour avertir sa mère qu'elle doit rendre compte à Dieu du dépôt qu'elle tient de Dieu lui-même.

Heureuse est la mère qui se conforme à ce que Dieu lui demande ! Elle acquiert sur le cœur de ses enfants des droits qui ne s'effaceront pas ; une tendre reconnaissance, que les années accroitront au lieu d'affaiblir, les fera toujours s'approcher d'elle avec amour. Pour la fille, ce sera toujours la source des meilleurs conseils, le plus doux abri dans les jours de peines et de soucis; pour le fils, une amie que n'égalera aucune autre amie, l'objet d'une sorte de culte de respect et de tendresse, que Dieu a permis à l'homme pour être une de ses plus douces joies, et dont il ne se montre pas jaloux, car il sait que parmi ceux qui l'adorent en toute vérité, il ne s'est jamais trouvé un mauvais fils. Quel est donc l'homme qui, dans ses meilleurs souvenirs, ne place pas celui de sa mère; qui ne redouble de tendresse et de respect pour cette amie toujours si heureuse de nos jours de joie, toujours si dévouée aux jours d'infortune? pour cette confidente toujours indulgente de nos erreurs et de nos faiblesses? Quel est celui qui n'a pas dû à sa mère une grande partie de ce qu'il vaut? « Ce que nous som- » mes, a dit un homme de bien et de talent, » nous le sommes par nos mères; nous » sommes chrétiens par elles. Ce que nous

« avons d'ailleurs est bien peu de chose. Il
« en est à cet égard chez nous comme chez
« les Romains. Ce sont les femmes qui font
« les hommes. Il n'y a eu de grands hom-
« mes, il n'y a eu en général d'hommes
« énergiques et dévoués que par leurs mères
« et, par un contraste singulier, inexpli-
« cable, ces qualités vigoureuses sont jus-
« tement celles que l'éducation maternelle
« donne le plus. Ce sont les femmes qui ont
« fait les Scipion, à Rome, et les saint Louis,
« au moyen-âge (1). »

Bien peu de mères auront sans doute
l'honneur, comme celles des Scipion et des
saint Louis, d'avoir éveillé les premiers sentiments d'un fils destiné à figurer parmi les
grands hommes de son pays. Mais toutes
peuvent déposer dans le cœur de leur fils
les germes de la piété, du courage, de la
bonté, du dévouement. Quand l'enfant

(1) F. de Champagny, *Les Césars*, tome II, page 337.

commence à sentir, à comprendre, que de
questions il adresse à cette jeune mère à qui
il fait part avec tant de confiance et de naï-
veté de ses premières impressions, de ses
premières idées ! Et qu'il est important que,
dans ses réponses à son fils, la mère lui
communique quelque chose de ce qu'elle
éprouve elle-même, quand elle peut déjà lui
parler de ce qui est beau, noble et bon !
Alors des idées élevées, des sentiments
généreux se gravent dans la jeune âme en
traits ineffaçables, et quand plus tard le fils,
devenu homme, se trouve dans ces situations qui font faiblir le cœur ou l'exaltent,
qui matérialisent l'esprit ou lui font chercher l'inspiration divine, l'homme choisira
bien, s'il croit entendre la voix de sa mère.
Il se rappelle alors avec quel noble et doux
visage elle lui parlait des actions qu'il fallait imiter, et il n'hésite plus à marcher
avec assurance dans la voie de l'honneur
et du devoir.

D'autres femmes nous sont bien précieuses aussi, c'est une épouse, c'est une fille.
Mais quelque douce que soit l'union conjugale, quelque dévouée que se montre une
fille chérie, n'est-il pas vrai qu'au-dessus
de ces deux images plane encore celle de
notre mère, parce que son affection et son
dévouement ont eu pour notre cœur comme
une douceur que rien n'a pu égaler, parce
que dans notre âme le sentiment d'une profonde vénération aura peut-être surpassé
encore la plus vive affection, parce que nos
plus secrètes sympathies, surtout celles du
chagrin et de la souffrance, n'auront rien
rencontré de plus caressant et de plus con-
solateur. Chère et douce image d'une mère
qui n'est plus, souvent nous vous plaçons
dans nos demeures aux pieds de ce Christ,
qui, en mourant, recommandait sa mère au
disciple bien-aimé, parce que nous croyons
que vous aussi, mère chérie, vous priez
pour nous, et que ce cœur, qui nous était

si dévoué sur la terre, n'a pas changé dans le ciel (C) !

Je n'ai pas à tracer un plan d'éducation. De plus habiles l'ont fait, avec une autorité que je n'aurais pas. D'ailleurs, il n'en est pas de l'éducation de la famille comme de celle de la pension ou du collége. Ici il y a des règlements à observer, des principes généraux à appliquer, une ligne nettement tracée à laquelle on ramène ceux qui s'en écartent, par les moyens de coërcition que l'expérience indique comme les plus efficaces pour les enfants de l'un et de l'autre sexe. Au sein de la famille il faut pénétrer bien plus profondément dans l'étude de chaque caractère, et y adapter l'éducation convenable à chaque enfant, par un mélange de tendresse et de sévérité, dont chaque jour pour ainsi dire indique la mesure. Ici les inspirations du cœur ne seront pas moins sûres que les conseils de la raison.

On reproche vivement à l'éducation actuelle de manquer de la fermeté, de la dignité, qu'offrait celle que nous ont donnée
nos pères. La jeunesse s'émancipe trop,
dit-on, favorisée qu'elle est dans ses idées
d'orgueil et d'indépendance par des parents
qui ne savent que l'amuser et la flatter. On
blâme cette habitude que les parents laissent prendre à leurs enfants de les tutoyer,
habitude qui confond des distances qu'il
faudrait maintenir, et qui établit une familiarité fatale au sentiment du respect, sentiment cependant qui servirait si bien à
faire plus tard le chrétien sincère, le citoyen plein de déférence pour les lois et le
gouvernement de son pays, la femme pieuse
et dévouée, la mère de famille écoutée et
vénérée.

Ces reproches ont du vrai. En vain, pour
justifier l'éducation d'aujourd'hui, les pères
et mères répondent que les rapports des
enfants et des parents sont plus intimes et

plus tendres ; que le grand respect d'autrefois éloignait au lieu de rapprocher, et qu'il
est bien plus doux d'être familièrement
aimé que froidement respecté. Une pareille
justification n'est que trop souvent celle
d'une autorité qui s'est laissé déborder, et
il faut dire que l'affection n'est pas le sentiment auquel il faille accorder une préférence par trop exclusive. Sans doute le
cœur est la source d'où découlent nos meilleures inspirations, et tout ce qui tend à
rendre les liens de famille plus doux, plus
affectueux, doit exciter au plus haut degré
la sollicitude des parents. Mais ceux-ci et
les mères surtout s'exposent à manquer le
but par une tendresse exagérée. Aimer trop
vivement ses enfants, craindre de leur exprimer une idée trop sérieuse, de faire
rembrunir ces petits visages sur lesquels
on ne voudrait lire que la satisfaction et la
joie, n'est pas les bien élever. Il ne faut pas
faire la cour à ses enfants, pour ainsi dire,

et ne trouver de bonheur que dans celui qu'ils veulent bien nous accorder. Celui à qui l'on ne demande rien, ne donne rien. Il y a dans le cœur humain un fonds d'égoïsme qu'une éducation trop molle développe prodigieusement, et trop souvent on est étonné des preuves de sécheresse et d'insensibilité que donnent des enfants élevés avec une tendresse qui croit n'en avoir jamais fait assez. Il faut au contraire habituer l'enfant à faire quelque chose pour les autres, et tâcher de lui faire trouver une grande partie de sa félicité dans celle qu'il donne à ses parents. Il ne faut donc pas l'habituer de bonne heure à se considérer comme une petite perfection, comme un être pour lequel on ne peut trop faire, et à qui l'on ne demande en échange de tant de dévouement que de la joie ou un sourire. Car quels sont les fruits d'une pareille éducation? nous le voyons tous les jours. Une vanité et un égoïsme trop favorisés don-

nent à la jeunesse des deux sexes des prétentions incroyables. Pleine de hardiesse
et d'audace même, elle se croit permises
toutes les jouissances, toutes les dépenses.
N'est-ce pas à elle en effet que doit appartenir la vie dans ce qu'elle a de plus doux
et de plus agréable? N'est-ce pas elle qui
est appelée à jouir, n'est-ce pas pour elle
que le plaisir est fait?

Autrefois un jeune ménage commençait
modestement. On songeait moins aux jouissances de vanité, parce que le bonheur intérieur, la vie passée l'un près de l'autre,
une situation à améliorer par des efforts
communs étaient la source à laquelle pui-
saient chaque jour de jeunes cœurs qui
croyaient que le bonheur réel vaut mieux
que le bonheur d'apparat. Mais aujourd'hui
un jeune ménage voudrait arriver de plein
saut à ce qui ne devrait être que le résultat
du temps. Dans la famille, ce sont les jeunes époux qui sont les personnages impor-

tants ; le père et la mère sont relégués au
second plan. Ce à quoi il faut surtout songer, c'est aux plaisirs, aux vanités, aux ai-
ses de ces époux d'un jour, qui commencent par ne trouver rien de bien de tout ce
qui est autour d'eux, et qui vous disent naï-
vement que ce que vous regardez comme
caprice et fantaisie, est pour eux chose
d'absolue nécessité. Alors les parents se
retirent dans l'étage le plus modeste de la
maison, où ils restent renfermés, éprouvant la crainte de montrer des figures trop
âgées ou trop peu sympathiques au jour où
la vanité d'une jeune femme et de celles
qui lui ressemblent, se montre avec toutes
ses susceptibilités et toutes ses exigences.

Il y a des salons où le père et la mère
des jeunes époux se sentent même déplacés
et ne paraissent jamais. Ils se contentent
d'écouter le lendemain le récit de la fête de
la veille, de plus en plus convaincus par
tout ce que leur raconte leur fille de ses

triomphes ou de ses mécontentements,
qu'ils ont bien fait de s'éloigner de ce
monde brillant qu'ils avaient cependant
rêvé pour elle, s'efforçant par le travail,
l'économie, les privations, de lui créer cette
fortune dont leur fille s'empressera de faire
profiter tout autre qu'eux-mêmes. Heureux
s'ils peuvent encore réunir autour d'eux
quelques vieux amis, quelques demeurants
d'un autre âge, qui ont peut-être aussi à se
reprocher des tendresses paternelles exagérées, et tous peuvent voir si cette vie de
luxe et d'éclat dont ils ont tout fait pour
procurer la jouissance à leurs enfants, a été
un calcul aussi heureux que sage.

Ne sont-ils pas mieux inspirés ceux qui
élèvent leurs enfants de manière à ce que
l'aisance ou la richesse qui survient, n'en-
lève rien aux cœurs de tous, mais rend au
contraire les relations plus douces et plus
affectueuses; qui ne créent pas entre eux
et leurs enfants, une différence de goûts,

d'habitudes, de manière de voir, qui re-
froidira plus tard des sentiments que Dieu
a placés au premier rang dans le cœur humain ? Ne vaut-il pas mieux qu'une jeune
femme affiche moins des grands airs, et soit
plus respectueuse, plus tendre pour ses
parents ; qu'elle soit un peu moins distin-
guée dans le sens d'un monde frivole et plus
méritante aux yeux de Celui qui sonde les
cœurs ; plus simple, plus dévouée pour des
parents qui ne savent pas les belles manières sans doute, mais qui ont su travailler et économiser pour leurs enfants, sans
ménager leurs forces et leur santé ? Que de
tristes tableaux se déroulent tous les jours
sous nos yeux, dans ces unions contractées
sous les seuls auspices de l'amour de l'or
et de la vanité !

Le but, c'est un luxe effréné mis au service d'une ambition qui aspire aux plus
hautes distinctions à mesure qu'elle s'en
rend moins digne. Une jeune fille, dont les

parents sont sortis des rangs du peuple ou
de la plus simple bourgeoisie, veut être ab-
solument, parce qu'elle croit ses parents
bien riches, marquise ou duchesse. Elle
dédaignera un jeune homme d'un vrai mérite, pour s'allier à un sot, à un être qui n'a
pu trouver place dans les rangs qui ne sont.
ouverts qu'à la science et au travail,
pourvu qu'il ait un titre, ou un blason antique.

De leur côté, ceux qu'une illustre origine
devrait remplir des sentiments qui en rendent digne, n'y trouvent qu'un moyen de
s'allier à des opulences trop tôt conquises
pour être bien solides, et ces fils dégénérés
de parents illustres ne tardent pas à voir
les propriétaires de ces hôtels somptueux
dont ils croyaient partager le séjour, les
quitter pour comparaître sur le banc de la
cour d'assises ou sur celui de la police cor-
rectionnelle.

Que deviennent, au milieu de ces déplo-

rables alliances, les relations des parents et
des enfants? De part et d'autre, on a tout sa-
crifié à la cupidité et à la vanité. Eh bien, ces
deux tristes passions, en voyant s'anéantir
leurs rêves les plus chers, voient tout s'é-
crouler avec ceux-ci. Comment honorer un
père que la justice a flétri, ou une mère qui
n'a pas dit à son fils que la noblesse de
l'âme est bien autrement précieuse que celle
de la naissance, et qu'il vaut mieux vivre
modeste mais honoré que briller d'une opu-
lence qui dégrade, que d'afficher un luxe
qui avilit?

Jeunes époux, qui vous êtes unis dans des
conditions toutes différentes, que vos parents soient pour vous non seulement les
objets de la plus vive tendresse, mais aussi
du plus profond respect ! Quand Dieu, dans
ses commandements, a eu prescrit le culte
qui lui était dû, il a placé immédiatement
après lui, dans le cœur et dans les respects
de l'homme et de la femme, leur père et

leur mère. Aussi, dans les familles pieuses,
les époux, avant de s'avancer vers l'autel
du Dieu qui les attend, s'agenouillent-ils
devant leur père et leur mère pour leur demander leur bénédiction. Dans ce moment
solennel, c'est en effet d'un véritable sacerdoce que sont revêtus les auteurs de leurs
jours. La bénédiction qu'ils donnent vient
de Dieu lui-même, qui leur permet de parler en son nom, et de promettre ses grâces
et sa protection. C'est dans votre forte
union, jeunes époux, c'est dans le tendre
respect de vos enfants, dans leur inaltérable dévouement que vous reconnaîtrez les
effets de cette grâce divine que la bénédiction d'un père et d'une mère aura fait des-
cendre sur vous. Aimez donc vos enfants
beaucoup, profondément même, mais non
de cette tendresse aveugle et passionnée
qui annonce plutôt un cœur qui s'égare,
qu'une affection qui suit sa véritable voie.
Ne dites pas que vous adorez vos enfants,

car il n'y a rien d'adorable que Dieu. Hors
de lui, il n'y a que misère et imperfection.
Dieu, en constituant le mariage, a voulu
sans doute qu'il en découlât pour le cœur
de l'homme et de la femme les plus douces
et les plus pures affections. Mais n'oubliez
pas, jeunes époux, que les enfants qui vous
sont nés viennent de Dieu, et qu'ils doivent
être élevés par vous pour retourner un
jour à Dieu. Elevez-les pour le monde,
sans doute, ils ont à y tracer leur sillon, à
connaître ses épreuves, comme ses périls,
Elevez vos fils pour la science, pour les
arts, pour la gloire ; qu'ils aiment leur patrie avec ce dévouement qui ne recule
point devant le sacrifice, quand il devrait
aller jusqu'à celui de la vie elle-même ; que
vos fils soient donc de braves guerriers,
d'utiles et fermes citoyens, préférant aux
lâchetés de l'ambition, aux suggestions dé-
gradantes de la cupidité, la dignité de l'âme
et l'honneur de la conscience ; que vos fil-

les honorent plus encore leur sexe par leurs
vertus que par leurs talents ; que leur cœur
s'émeuve facilement quand il faudra soulager ceux qui souffrent ; que leur courage
se montre, quand, au lieu de se livrer au
plaisir qui les amollit et les amoindrit, il
faudra subir les revers, se courber sous
ces dures épreuves qu'il semble que Dieu
ne rende plus acerbes au cœur de la femme
que pour y faire naitre des vertus plus
grandes. Heureuse la jeune famille où le
respect et l'affection, l'amour du travail, le
sentiment du devoir, la confiance en Dieu,
et la résignation à ses saintes volontés, la
font ressembler à cet arbre qui nous charme
d'abord par les fleurs dont il se pare, et
qui ne s'en dépouille que pour les remplacer par les fruits les plus savoureux !

LES DOMESTIQUES.

CHAPITRE V.

LES DOMESTIQUES.

—

Il n'est pas de jeune ménage qui, en débutant, ne fasse le rêve de domestiques fidèles, intelligents, dévoués, qui vous respecteront autant qu'ils vous aimeront, et dont la destinée, essentiellement liée à la vôtre, ne s'en séparera pour ainsi dire jamais. On se rappelle ces vieux serviteurs qui ont étonné par la constance de leur respectueuse affection, et qui ont eu le droit de dire, *notre maison, notre jardin, nos enfants,* étant devenus comme membres d'une famille dont ils ont partagé les fortunes di-

8

verses, vieillissant sous un toit qui est aussi
devenu le leur, et conduisant au champ du
repos des maîtres qu'ils n'ont jamais quit-
tés, à côté des enfants qu'on verra plus tard
suivre eux-mêmes le convoi du vieux serviteur de leur père.

Mais, après quelques années, que de dé-
ceptions ont remplacé ces douces espérances ! La paresse, l'infidélité, les mauvaises
mœurs, une insolence égale à la pauvreté
d'intelligence, ont nécessité des change-
ments fréquents. On s'est élevé à des plaintes amères envers les classes inférieures.
La défiance, le mépris, ont remplacé la
bienveillance et la sécurité, et les renvois
fréquents ou les sorties volontaires de domestiques aussi mécontents que les maîtres
eux-mêmes, ont créé dans le sein du jeune
ménage des ennuis qui en altèrent toujours
le bonheur plus ou moins profondément.

Comment confier sa maison, ses enfants
à des domestiques qu'on n'estime pas, qui

n'ont nul souci de leurs devoirs, aussi
avides de plaisirs et de jouissances que peu
disposés au travail ? Et avec de mauvais
domestiques il faut encore subir de gros
gages, des exigences incroyables pour la
nourriture et le bien-être de la part d'individus qui ne savent rien et ne veulent rien
apprendre, enfin subir une familiarité qui
prétendrait jusqu'à l'égalité. Ces accusations
sont vraies, et le verdict de l'opinion publique les confirme trop souvent.

C'est dans leur contact intime avec le
peuple, que les classes supérieures peuvent
se convaincre du mal qu'a causé l'affaiblis-
sement du principe religieux. Quand le maître et les domestiques récitaient la même
prière ; quand ils s'agenouillaient les uns et
les autres à la même table sainte ; quand
tous se disaient qu'ils paraîtraient un jour
devant le même Dieu pour lui rendre
compte des devoirs divers qu'il a imposés à chacun ici-bas, il existait entre

les maitres et les domestiques un lien
intime, une sympathie secrète qui ren-
dait les uns plus bienveillants et les
autres plus respectueux. Que l'on ne s'y
méprenne pas, là est la source principale
de ce dévouement sincère d'un côté, de
cette bienveillance affectueuse de l'autre,
qui font peu à peu du domestique comme
un membre de la famille, et qui assurent
son zèle et sa probité. Plus on examine la
famille à ses divers aspects, plus on étudie
ses conditions de bien-être et d'avenir, plus
on se convainc de la nécessité d'y faire régner cette admirable religion qui est le
point de départ comme le point d'arrivée
de toute chose.

Le prophète royal s'écriait, au milieu des
orages de sa vie si tourmentée : « Seigneur,
» montrez-moi la voie où je dois marcher. »
Souvent aussi de jeunes époux trompés,
joués, abandonnés par leurs serviteurs, au
moment où ils ont le plus besoin d'eux, s'é-

crient dans les tourments de la vie intérieure : Mon Dieu, que faire et que devenir ? Quel est donc le moyen qui conduit à
un but tant désiré et si rarement atteint ?

La tâche, on ne peut se le dissimuler,
n'est pas facile. On a beaucoup fait pour les
classes inférieures depuis un certain nombre d'années. Il semble que ce soit surtout
pour elles que la civilisation, quelquefois
une autre boîte de Pandore, a fourni ses
progrès. Les rangs de la société se sont
rapprochés, les distances n'ont plus été les
mêmes.

L'édifice social cependant doit avoir plusieurs étages, et aujourd'hui on voudrait
qu'il n'eût pour ainsi dire qu'un rez- de-
chaussée. La vanité humaine peut s'en applaudir, mais l'harmonie sociale en souffre.
L'inégalité des conditions, quand elle est
établie sur la déférence et le respect tourne
au profit de tout le monde et améliore ce
qui est en haut comme ce qui est en bas. Si

8*

elle ne suscite que la haine et l'envie, elle
ne rend heureux ni ceux qui en profitent,
ni ceux qui la subissent.

La classe des domestiques s'est impré-
gnée naturellement de l'esprit général, et
ses prétentions de gages plus élevés, de
liberté plus grande, d'inégalité de situation
moins éprouvée, ont imposé aux maitres
une direction plus difficile. Et puis ce changement si rapide des positions sociales, qui
caractérise aujourd'hui la société française,
augmente encore les écueils que rencontre
la direction des domestiques. Combien voit-
on de maitres maintenant qui ont été, ou
dont les père et mère ont été domestiques
eux-mêmes, ou dont les familles ne se fai-
saient pas servir ? De là, l'immense diffi-
culté de maintenir dans des habitudes d'é-
gards et de respect des domestiques qui
n'aperçoivent entre eux et leurs maitres que
la différence du plus ou moins d'argent.
Sans doute le gage et la nourriture donnés

par le maitre doivent être gagnés, mais si
les rapports de domestique à maitre doivent
avoir toute la sécheresse d'une pure question d'argent, l'accord ne sera pas de longue durée et l'on se séparera bientôt avec
un cœur aussi ulcéré d'un côté que de
l'autre.

Que sera-ce même d'une pareille associa-
tion si, chez les maitres, on est à l'égard de
la religion, ou hostile ou indifférent; si
même des passions mauvaises, des relations
coupables dont les domestiques seront les
témoins ou les confidents, les enveloppent
d'une atmosphère à la contagion de laquelle
il leur sera difficile d'échapper eux mêmes?

Disons-le avec une conviction que l'expérience de la vie ne fait qu'accroître : il
n'y a que la religion, source toujours abon-
dante de tant de bonnes inspirations, qui
puisse établir entre les maitres et les domestiques les relations de respect et d'affection
qui leur rendent l'existence commune aussi

douce que facile à supporter. C'est ainsi
que se créeront des attachements dont chaque année la distribution des prix Monthyon
nous fournit de touchants exemples ; et ces
exemples ne prouvent-ils pas que ces dévouements qui excitent notre admiration,
c'est Dieu surtout qui les inspire ?

La société, dans ses inégalités de conditions, offrira toujours celle des maîtres et des
domestiques. Mais il faut que jusqu'au moment où l'égalité du ciel aura fait disparai-
tre toutes les différences de la terre, les
maîtres se montrent justes, prudents, bons
et fermes à la fois, bienveillants dans leurs
paroles, pleins d'humanité quand leur serviteur est arrêté par la maladie, animés d'une
véritable sollicitude pour ses véritables intérêts, l'excitant à l'ordre et à l'économie,
indulgents pour des imperfections inévita-
bles, et surtout persuadés qu'il faudra rendre compte à Dieu d'une prépondérance
qu'il n'a établie que pour qu'elle profitât à

ceux sur qui elle devait s'exercer, lui qui a
dit qu'il était venu pour servir et non pour
être servi, faisant entendre par là que les
positions humbles, l'assujétissement aux
volontés d'autrui, doivent être traités avec
une pitié généreuse et une autorité doucement appliquée. La position de ceux qui
servent les autres et qui le font jusqu'au
lavement des pieds du pauvre, n'est-elle
pas celle qu'il a choisie pour lui-même dans
l'adorable mission qu'il avait à remplir ?

Cette direction intérieure que doivent subir les domestiques, sera surtout l'ouvrage
de la jeune épouse. Qu'elle ne se le dissimule
pas, c'est ici un des points les plus difficiles
de sa tâche. Il faut se faire obéir, aimer et
respecter à la fois; se montrer douce et
ferme; faire croire à une surveillance qui
ne s'endort jamais; fermer les yeux à propos,
ou pardonner des manquements qui n'an-
nonceraient pas une nature perverse et cor-
rompue, veiller à la bonne nourriture des

domestiques ; éviter d'une part la lésinerie
qui les ferait accuser leurs maîtres de les
priver du nécessaire, et, d'un autre côté,
éviter aussi des satisfactions de gourman-
dise qui deviendront de plus en plus exi-
geantes, et qui préparent si souvent à un
domestique un avenir de misère et de privation.

Mais au-delà de cette nourriture matérielle, il y a pour ainsi dire la nourriture
morale, et celle-là, qu'on le croie bien ! les
domestiques y seront encore plus sensibles,
si chaque jour ils n'entendent qu'une parole
douce, polie, affectueuse ; s'ils sentent que
leur amour-propre est ménagé quand il
pourrait être vivement froissé ; si les conseils qui leur sont donnés ne revêtent pas
une forme trop acerbe. Il faut qu'à leur air
tranquille et rassuré, à leur gaîté, on voie
que le sentiment qu'ils éprouvent est celui
d'un sort qui, quoique dépendant et laborieux, a pour eux une douceur qu'ils appré-

cient, et qui leur donne tout le bonheur
auquel ils peuvent aspirer.

Il importerait beaucoup qu'une jeune
femme sût dominer par la science et l'ha-
bileté; qu'elle travaillât encore mieux que
sa femme de chambre; qu'elle fit même plus
habilement que sa cuisinière, s'il en était
besoin, surtout les mets délicats, qui donnent
à la fille qui les sait faire l'idée d'un mérite
qui la remplit d'orgueil et de prétentions.
Malheureusement, les jeunes personnes ne
sont pas aujourd'hui façonnées à cette science
du ménage, et tel époux que l'on accable
de compliments pour la grosse dot et l'objet charmant qu'il vient d'obtenir, n'est pas
sûr de dîner, dans un de ces moments criti-
ques auxquels tout ménage est exposé, si le
dîner de la famille doit être l'ouvrage de
Madame. L'absurdité des mœurs actuelles
est même poussée si loin à cet égard, que,
dans des familles d'une fortune modeste,
d'une origine plus modeste encore, vous

entendez une mère s'indigner de l'observation que sa fille n'en aurait que plus d'attraits, si elle savait faire une tarte ou cuire
une côtelette, et s'écrier, en prenant des
airs de princesse outragée, qu'elle n'a pas
élevé sa fille pour en faire une cuisinière.

Il n'est personne cependant d'un âge quelque peu avancé qui ne se rappelle qu'autrefois la mère de famille savait faire la
cuisine et l'apprenait à ses filles. Un grand
nombre de familles nobles ne se croyaient
pas plus exemptes de cette obligation que
les familles de la bourgeoisie. Il y avait au
moins toujours là une garantie contre l'i-
gnorance ou la sortie brusque, volontaire
ou forcée, d'une domestique. On doit se
rappeler que la dignité de la mère, que
l'intérêt que pouvaient inspirer ses filles
n'en souffraient pas la moindre atteinte.

L'éducation des filles reposait sur deux
bases fondamentales, le travail et la piété.
Que de vertus découlaient de ces deux

sources bienfaisantes et combien il importerait d'y puiser toujours! L'ordre, la pro-
preté brillaient plus que les meubles somptueux. La mise était moins élégante qu'aujourd'hui sans doute, mais les grandes
manières, un accueil aimable, une conversation enjouée ou solide n'avaient rien à
craindre du parallèle avec ce qu'offrent les
générations actuelles. Une simplicité sans
prétention promettait à un jeune époux
une facilité d'existence qui ne faisait pas
craindre de se marier, tandis qu'aujour-
d'hui on ne peut que trembler pour l'avenir
d'un jeune ménage entrainé vers des habitudes qui voudraient sans cesse riva-
liser avec les situations. les plus privilégiées par le rang et la fortune.

Il ne faut donc pas qu'un jeune ménage
offre le tableau d'une domestique qui ne
sait rien faire, et d'une maitresse qui ne
peut rien lui apprendre, ou du moins, si
cette double circonstance se rencontre, ce

qui aujourd'hui n'arrive que trop souvent,
il importe qu'une jeune femme répare elle-
même cette lacune de son éducation, et se
mette à acquérir ce qu'il lui est si essentiel
de posséder.

Pour tout le monde, la vie a son côté pénible et laborieux. La jeune épouse n'é-
chappera pas plus que tout autre à cette loi
qui impose à tant de femmes que la fortune
n'a pas favorisées, un fardeau sous lequel
on les voit épuiser trop souvent et leurs
forces et leur vie. Que la jeune femme ne
craigne donc pas de s'assouplir aux exigences, même les plus rudes du ménage,
et qu'elle le fasse avec l'esprit du bon
ouvrier qui ne semble jamais plus satisfait
que quand il travaille.

Cependant il ne faut pas d'exagération. Il
y a des femmes qui ont certainement la
qualité de femmes de ménage. Actives, la-
borieuses, économes, foulant aux pieds des
susceptibilités et des délicatesses que l'on

décore du beau nom de distinction, et qui
ne sont très-souvent que les révoltes de
l'égoïsme et de la paresse, les femmes dont
je parle donnent sans cesse à leurs domestiques d'excellents exemples. Mais il ne faut
pas qu'elles tombent dans l'excès de leurs
qualités. Il ne faut pas qu'elles veuillent
tout faire par elles-mêmes, enlevant aux
domestiques toute espèce d'initiative, et ne
leur laissant que le rôle de simples machi-
nes fonctionnant plus ou moins bien. Car
de cette manière on ne sera jamais bien
servi. Votre domestique, ne subissant en
quelque sorte aucune responsabilité d'intelligence, laissera constamment sa maitresse sous le poids d'une tâche pénible, et
celle-ci, se fatiguant sans fin et sans mesure, ne pourra plus pour ainsi dire quitter
son tablier de cuisine qu'à la fin du jour,
s'interdisant toute relation, abandonnant la
surveillance de ses enfants, privant son
mari de sa société, parce qu'elle aura la

persuasion qu'il n'y aura de bien fait que ce
qu'elle fera elle-même.

Dans l'administration domestique comme
dans toute autre, il y a une juste mesure à
tenir, et il y a des femmes qui la tiennent
admirablement (D). Celles-là savent former,
diriger et surveiller de bons domestiques.
Elles veillent à ce que les dépenses ne dé-
passent pas les limites qu'une sage économie a fait établir, et à côté de cela, vous
les voyez aux heures que réclament le salon,
l'éducation des enfants, la douce intimité
du foyer conjugal, montrer que les devoirs
de la femme polie et gracieuse, de la mère
attentive et prudente, de l'épouse aux confidences faites et reçues avec une affection
si dévouée, que tous ces devoirs ont charmé
dans leur accomplissement tous ceux pour
qui la mère de famille se les était imposés.

Ne faut-il pas aussi signaler un fait qui se
produit trop fréquemment, et qui va presque
toujours contre le but que l'on s'était pro-

posé ? C'est de séduire les domestiques des autres par l'appât d'un gage plus élevé. Cet odieux abus de la richesse, qui provoque chez les domestiques l'inconstance, la déloyauté, la violation des engagements contractés, n'a jamais de bons résultats. La maîtresse, qui a cru devoir faire un sacrifice dans un intérêt tout d'égoïsme, veut en être indemnisée, et se montre difficilement satisfaite. D'un autre côté, la domestique qui se voit comme mise à l'enchère, en conçoit d'autant plus de prétention, et apportera plus d'exigence que de zèle à sa nouvelle maîtresse. Une convention formée sous les auspices de la séduction par la cupidité, d'engagements violés à l'aide du mensonge et de la déloyauté, n'a pas chance de durée. Aussi voit-on presque toujours de pareils engagements ne pas tarder à se rompre. Ces domestiques qui changent sans cesse de maison pour la cupidité d'un gage plus élevé, ne s'amassent rien, et les ménages qui ne se procurent des domestiques que par de pareils moyens, ne sont jamais bien servis.

Qu'une jeune femme, quelqu'avantageuse que soit sa position de fortune, s'abstienne donc de ces séductions, qui d'abord ont le caractère d'une mauvaise action, et qui, en outre, ne donnent jamais le domestique fidèle et dévoué qu'on avait espéré. L'argent procure sans doute bien des choses, mais les bons sentiments ne s'achètent pas. Ce n'est que d'un cœur honnête et loyal que viennent ces bonnes inspirations, cette conduite sage et habile, cette douce influence qui, de la part d'une maîtresse, éveilleront peu à peu chez une domestique des sentiments qui leur seront harmoniques et qui feront se lier pour toujours, ou du moins pour longtemps, deux destinées qui ne se sépareront plus sans des regrets réciproques.

LA VIE EXTÉRIEURE.

CHAPITRE VI.

LA VIE EXTÉRIEURE.

La Famille. Les Amis, Le Monde.

—

J'ai parlé des conditions essentielles qui assurent le bonheur d'un jeune ménage, et pour cela, j'ai considéré la famille dans ses éléments principaux, groupés pour ainsi dire autour du même foyer. Il ne faut cependant pas que ce bonheur-là soit égoïste, et les jeunes époux doivent trouver en dehors d'eux des affections qui, si elles ne sont plus intimes, et n'entrent pas au même degré dans les desseins de la Providence,

9*

n'en contribuent pas moins à embellir leur existence.

Parlons d'abord de la famille. On se plaint beaucoup aujourd'hui que les liens en sont relâchés, et qu'à peine on remarque entre frères et sœurs les relations affectueuses qui n'existent plus pour ainsi dire à des degrés plus éloignés. La solidarité de l'honneur et des intérêts de la famille, disent encore les détracteurs du temps présent, n'est plus la même. Chacun trace autour de soi le cercle d'une indifférence qui va souvent jusqu'à la dureté. On sourit à peine au bonheur d'un parent. On est bien plus froid encore pour son infortune. Mais quand une question d'argent vient à surgir, même entre frères et sœurs, c'est alors que la pensée d'un préjudice éprouvé dépose dans le cœur un germe funeste, et l'on voit des ressentiments persévérer jusqu'au jour où un mourant pardonne enfin pour être pardonné lui-même. Et cependant le sacrifice de prétentions légitimes (et l'on s'abuse souvent sur ce que l'on regarde comme son droit), ce sacrifice fait à l'harmonie de la famille, n'aurait-il pas de meilleurs résultats pour le bonheur de tous, qu'une hostilité toujours pénible à supporter, même pour celui qui l'a déclarée? Que de jeunes époux se montrent donc plutôt faciles que rigoureux sur les questions d'intérêts qui surgiront entre eux et leurs proches. Cela ne veut pas dire qu'il faut tout sacrifier à des prétentions injustes. Tout a sa mesure ici-bas, et les concessions ont leurs limites. Mais dans combien de circonstances un laisser-aller de bon cœur, d'esprit désintéressé, n'empêchera-t-il pas des brouilles et des animosités qui font perdre une harmonie que ne compensera pas l'avantage d'obtenir un peu plus d'argent !

Il y a aussi entre frères et sœurs des inégalités de position qui ne tardent pas à s'établir. A l'un la fortune prodigue ses faveurs;

à un autre l'ambition apporte la jouissance d'un poste important, de fonctions éminentes. Que ceux qui sont restés dans des situations modestes ne laissent pas aller leur âme à une jalousie empreinte de haine et de chagrin. Applaudir aux chances heureuses d'un frère ou d'une sœur vaudra beaucoup mieux pour le bonheur des jeunes époux eux-mêmes que de considérer avec une envie pleine de fiel un sort plus brillant que celui qui leur a été départi. Nous ne nous faisons pas notre destinée, nous le sentons tous les jours, soit par nos découragements, soit par nos surprises. Il y a au-dessus de nous un pouvoir plus grand que notre volonté, et qui, à chaque instant, semble se jouer de nos efforts et de nos calculs. Après avoir fait le mieux que nous pourrons, rapportons-nous-en pour le reste à la Providence, et acceptons ses décisions avec la résignation qui seule peut adoucir ce qu'elles auront de contrariant ou de pénible. Un

examen plus attentif nous fera bientôt voir
d'ailleurs que tous ces avantages de fortune
et d'ambition sont souvent payés bien cher,
et que la main qui dispense les dons de la
terre fait tôt ou tard sentir qu'ils sont bien
différents de ceux qui nous attendent au-
delà du tombeau.

Quand les père et mère vivent encore,
que leur foyer soit toujours le point de ral-
liement de leurs enfants. Là, on se retrouve
dans cette chambre où tous étaient égaux
au jeune âge, comme l'objet de la même
tendresse. Il y a même une parole plus ca-
ressante de la part du père et de la mère
pour ceux de leurs enfants que le sort a
moins favorisés, et des procédés encore
plus affectueux. On sent qu'ils veulent indemniser le cœur de ce que souffre l'a-
mour-propre. Quand la mort a fait dispa-
raitre ces bons parents qui ont entouré
leurs enfants d'une tendresse égale, que
ceux-ci se rappellent sans cesse leurs

dernières recommandations, celles d'une
union que rien ne doit rompre, d'un
dévouement réciproque qui ne doit pas se
refroidir, conduite qui sera un hommage
continuellement rendu à des mémoires aussi
chères que respectables, et sur laquelle
Dieu répandra plus d'une bénédiction.

Les père et mère! Au chapitre des enfants
j'ai dit combien ils doivent être aimés et honorés, et je n'ai pas voulu en quelque sorte
les séparer de cette jeune famille qui a une
existence en dehors d'eux, sans doute, mais
à qui ils appartiennent par une tendresse et
un dévouement qui leur fait sentir tout ce
qui y arrive comme s'il s'agissait d'eux-
mêmes. Ici une différence toute naturelle se
présente. Sans doute le père et la mère d'un
époux a dans son cœur une place que ne
peuvent obtenir le père et la mère de l'autre époux. Il ne faut pas demander au devoir
au-delà de ce que la nature peut accorder.
Qui peut égaler la mère qui nous a nourris

de son lait, de ses soins, de ses doux enseignements? qui peut égaler le père qui s'est
montré si tendre, si dévoué; qui s'est honoré de nos faibles mérites; qui a cru sa
place sur la terre mieux encore remplie par
nous que par lui-même ? Mais que chacun
des époux se le persuade bien. Tout ce qu'il
fera pour son beau-père et sa belle-mère
sera vivement senti par l'autre époux, et
ces bons procédés ne donneront au bonheur
intérieur du jeune ménage qu'une base plus
large et plus solide.

L'écueil le plus fréquent dans les rapports
avec les père et mère, est le désaccord entre une bru et sa belle-mère. Il y a un cœur
qu'elles se disputent toutes les deux. L'une
veut conserver sur son fils cet ascendant
de tendresse accepté si volontiers avant le
mariage. De son côté, la jeune épouse a la
prétention que l'affection qui lui a été jurée
doit avoir la primauté.

Si les deux personnes qui se disputent la

prééminence sur un cœur qui leur tient à toutes deux par les liens les plus intimes, ne font appel qu'à des motifs purement humains, la discorde viendra bientôt faire entendre ses amères et irritantes paroles. Mais si elles consultent la loi divine, elles y liront que si l'homme doit honorer son père et sa mère, il doit cependant les quitter pour sa femme ; que celle-ci est, dans l'ordre de la Providence, son affection première, mais que dans ces deux grands devoirs imposés par Dieu lui-même, il n'y a rien d'exclusif ; qu'un mari ne cesse pas d'être un fils ; qu'on peut aimer beaucoup sa mère, et éprouver en même temps pour sa femme la plus vive tendresse ; qu'enfin le véritable bonheur comme la bénédiction céleste ne seront accordés qu'au ménage où le père et la mère de chaque époux seront accueillis avec une affection qui ne peut être la même sans doute, mais avec des égards et un respect qui n'admettent pas de différence.

En dehors de la famille, il y a aussi des affections auxquelles le cœur des jeunes époux peut se livrer, je veux parler de celles de l'amitié. Dans le cours de la vie, ce nom se prodigue beaucoup et des liaisons bien fragiles s'en décorent souvent. Elles ont eu pour causes de petites considérations de vanité ou d'intérêt, un goût plus vivement éprouvé que réfléchi. Aussi disparaissent-elles comme ces attaches légères que l'on a établies dans la supposition d'un temps calme, et que le moindre coup de vent viendra briser.

Une amitié parfaite est rare sans doute. Il en est de cette affection comme de toutes les autres. L'homme conçoit toujours au-delà de ce qu'il réalise. Mais en deçà de ces amitiés profondes qui sembleraient s'élever au même niveau que l'amour conjugal, et dont celui-ci cependant ne devrait jamais redouter la concurrence, il y a encore des amitiés bien douces à entretenir, et dont le

cœur des jeunes époux pourra goûter tout
le charme. Le mari et la femme ont éprouvé
au jeune âge des affections fondées sur une
sympathie réciproque. Alors deux jeunes
cœurs se sont intimement unis, ne connais-
sant que la douceur de ces relations, et
croyant que le bonheur de s'aimer restera
à l'abri de toute atteinte. On se disputait
les mêmes couronnes sans que le partage
des mêmes amusements eût perdu de son
attrait, et les petits bonheurs du jeune âge,
que de plus brillants ne remplacent pas toujours plus tard, étaient bien plus doux avec
celui ou celle que le cœur avait choisis.

A la sortie du collége ou de la pension,
ces naïves amitiés ont plus d'une épreuve
à subir. Résisteront-elles à ces différences
de situation que la naissance, les dignités,
les richesses établissent, et d'où surgissent
si souvent des prétentions qui font grandir
la vanité, aux dépens de la bonté du cœur ?
Que d'amitiés, regardées dans l'adolescence

comme si durables, se brisent au contact d'un monde qui s'offusque d'une toilette modeste dans un salon brillant, qui a le sourire du dédain pour un nom plébéien annoncé au milieu de qualifications nobiliai- res, et qui refuse en quelque sorte à celle dont le père n'a qu'une position modeste, de tendre la main de l'égalité à l'amie dont les parents sont entourés de tout l'éclat du rang et de la fortune!

Mais il y a des cœurs qui résistent à ces destructions de sentiments, d'abord si vive- ment éprouvés. L'âme a de secrètes harmo- nies qui ne rendent leurs doux accords qu'avec des âmes qui vibrent comme elle, et quand cet accord de deux cœurs qui sentent l'un comme l'autre, de deux esprits qui s'unissent dans les mêmes respects, comme dans les mêmes répulsions, s'est manifesté, on le recherche sans cesse, on souffre de sa privation, et les prétentions ou les triomphes d'une vanité égoïste ou

ambitieuse n'ont rien qui puisse en dédom-
mager. Si de jeunes époux ont eu le bonheur
d'inspirer, et partagent de ces amitiés où
l'estime et la confiance n'ont fait que s'accroître avec le temps, qu'ils conservènt
précieusement de pareilles liaisons. Admi-
ses avec une pleine sécurité au foyer conjugal, sans doute elles n'y occuperont
qu'une place secondaire, mais elles contri-
bueront à sa paix et à sa douceur. Elles seront toujours une consolation ou un appui,
et jamais un danger.

Ce danger d'une amitié qui perd le caractère pur et chaste d'un sentiment toujours
respectable quand il reste lui-même, ce danger vient quelquefois de relations trop intimes, d'une familiarité qui n'a pas eu ses
réserves, et qui ont allumé une affection
coupable, laquelle n'a plus de la chaste
amitié que les dehors trompeurs. Trop de
fois l'on a vu l'amie la plus intime de Madame devenir la maitresse de Monsieur, ou

l'ami le plus dévoué du mari se transfor-
mer en amant de sa femme, les deux coupables abusant de la sécurité de l'époux ou
de l'épouse trompés, et profanant ce sanctuaire domestique, où la révélation de la
vérité vient plus tard apporter des troubles
et des douleurs, dont la main du temps
efface si difficilement les traces. Que de
jeunes époux restent donc toujours prudents, même pour les amitiés dont ils se
croient le plus sûrs; qu'ils tracent autour
d'eux un cercle que nul ne franchira; que
l'admission d'un ami ou d'une amie à l'intimité du foyer domestique ait ses restrictions!
Que l'absence ou l'éloignement de son mari
rende une jeune femme bien plus circons-
pecte encore; qu'elle ne voie pas non plus
dans une amie comme une autre elle-même,
qui peut pour ainsi dire la remplacer partout, et que son mari trouvera souvent près
de lui dans les heures intimes où le cœur
de l'homme doit s'épurer de tout ce qu'il

éprouve, où son regard ne doit rencontrer
que celui d'une femme chérie, de celle qui
lui a fait connaître l'amour dans toute sa
profondeur, et dans toute sa pureté !

Au-delà de l'amitié, et dans une sphère
de relations moins sûres et moins intimes,
il y a ces connaissances que les circonstances, les convenances, des sympathies
plutôt d'intérêt et de vanité que de cœur
pénétré, font naitre, et que le temps ne ci-
mente guère. En effet, elles pénètrent peu
dans le cœur, et n'émeuvent d'ordinaire
que l'égoïsme ou l'amour-propre. Quelquefois ces relations prennent l'apparence
d'une vive amitié, chez les femmes surtout.
Il semble que l'intimité ne puisse être trop
grande, et le besoin de se voir jamais
assez satisfait. Mais ce tissu, qui semblait
ourdi par une tendresse si vive, ne se
composait que des fils les plus légers.
Aussi au moindre choc, et le cœur fémi-
nin en fait naitre plus d'un, cette jolie

trame se trouve complétement déchirée, et
les amies en viennent bientôt à une hostilité ouverte. Il faut qu'une jeune femme
évite ces intimités qui n'ont pas de base solide, et qui lui font expier un peu d'agrément par beaucoup d'ennuis. Il faut aussi
qu'une jeune femme soit extrêmement prudente dans les confidences qu'elle voudrait
faire. D'ordinaire les personnes qui pro-
voquent le plus vivement des confidences
sont les moins dignes de les recevoir.
Chaque ménage, chaque famille, a souvent
ses embarras, ses difficultés, ses peines secrètes, ajoutons même ses humiliations in-
térieures. La prudence et la charité doivent
faire abaisser sur tout cela un voile qui ne
peut être levé que pour des yeux discrets,
pour des cœurs sincèrement dévoués.

La jeunesse d'ordinaire recherche la jeunesse. Avec la jeunesse les idées sont plus
riantes, les joies plus vives, les sympathies
plus gracieuses. Cependant que des jeunes

époux, s'ils possèdent l'affection de personnes âgées, y attachent le prix qu'elle mérite. Trouver, avec un accueil bienveillant, des conseils solides, profiter des lumières que l'expérience de la vie fait acquérir, sont un grand avantage. Car une conduite légère, étourdie, inconsidérée, amène souvent de pénibles contrariétés, d'amers chagrins à de jeunes imprudents qui n'ont consulté qu'eux-mêmes, et que le recours à des personnes mûries par les années aurait instruits de ce qu'il fallait faire et de ce qu'il fallait éviter. Quand de jeunes époux ont perdu les auteurs de leurs jours, ou quand ils en vivent éloignés, qu'ils évitent de résoudre trop promptement et d'eux-mêmes ces questions de vie extérieure où le monde a pour ainsi dire son opinion à exprimer. Car cette opinion des autres a sur notre bonheur à nous une influence qu'on ne peut méconnaître, et, à moins d'un isolement complet qui serait alors la

sauvagerie poussée à l'excès, notre existence est tellement liée à celle des autres,
nous avons tellement besoin de bienveillance, d'estime, de considération, que la
preuve que nous ne les posséderions pas,
serait pour notre cœur et notre amour-
propre une révélation des plus pénibles.

Il est donc très-avantageux qu'à l'égard
du monde, et de la conduite à y tenir, de
jeunes époux puissent se diriger d'après
les conseils affectueux de personnes pru-
dentes et expérimentées.

Le monde! J'ai prononcé là un grand
mot. Pour de jeunes imaginations, le monde
c'est la plus riante perspective. La jeune
fille rêve aux succès qui l'y attendent; la
jeune femme songe à un rôle plus flatteur
encore. Un jeune ménage aspire à s'y poser
de manière à y trouver beaucoup d'agrément, et surtout des jouissances de vanité.

Mais le monde ne réalise pas toutes les
espérances que l'on fonde sur lui, et, ces

jouissances de vanité tant recherchées, il les accorde ou les refuse en maître absolu. Ses motifs de préférence ou de froideur sont souvent inexplicables. Des individus que les gens sensés regardent en pitié, pour lesquels ils ont même des sentiments plus sévères encore, sont prônés et exaltés par le monde. La femme modeste et pieuse, qui vient prendre part à ses fêtes avec une âme et des pensées innocentes y est à peine regardée. Celle, au contraire, dont le regard est assuré jusqu'à la hardiesse, qui fait entendre une voix éclatante, qui dans sa toilette arrive aux dernières limites de ce que la mode autorise ; la femme qui a brisé les entraves de la foi jurée à son mari, et qui le fait avec une audace persévérante, s'appuyant sur les avantages qu'adore le monde, la naissance, les richesses, les dignités, cette femme sera celle que le monde applaudira, à qui il prodiguera toutes ses adulations, et dont le regard se promènera dédaigneux sur toutes celles pour qui le devoir a été quelque chose, et la vertu une barrière respectée. Nos prédicateurs tonnent souvent du haut de la chaire sacrée contre le monde et ses dangers. De jeunes époux seront d'abord peu ébranlés par ces paroles sévères. Ces peintures, diront-ils, sont exagérées, et les prêtres parlent d'un monde qu'ils ne connaissent pas. Aussi plus d'une jeune femme qui, aux pieds de la chaire, semble attentive aux accusations lancées contre le monde, sent son imagination la transporter dans ces salons où la toilette brillante qu'elle a préparée, pour ce jour même, doit exciter autant d'envie que d'admiration.

Le monde a ses périls sans doute, mais se l'interdire d'une manière absolue, serait pousser le rigorisme beaucoup trop loin. Il y a des positions sociales qui le rendent indispensable (E), et d'ailleurs le meilleur remède contre le monde est le

monde lui-même. S'il offre parfois des succès qui satisfont la vanité, il fait aussi à
celle-ci bien des blessures. Telle femme qui
brillait pendant un hiver est tout étonnée
l'hiver suivant de ne plus produire le même
effet. C'est comme un champ de bataille où
la prétention qui surgit est sans pitié pour
la prétention qui trônait auparavant, et qui,
par cela même qu'elle a régné quelque
temps, fait éprouver à une foule curieuse
et avide d'émotions, le besoin d'un règne
nouveau.

On ne tarde pas aussi à se fatiguer des
airs d'importance de faquins que l'on mé-
sestime, auteurs ou héritiers de fortunes
scandaleusement acquises, ou investis de
fonctions dues plutôt à une servile adulation,
à une conscience qui n'a rien su refuser,
qu'à des services honorables. On se fatigue aussi d'être toujours les acteurs d'une
comédie, qui exige que vous fassiez tant de
sacrifices à vos sentiments intérieurs, sur-

tout lorsque vous avez à remplir votre rôle
à côté de gens qui n'ont de valeur que par
leur acte de naissance, par des sacs d'écus
qui font pencher en leur faveur toutes les
balances, ou qui se rattachent par leur parenté à un aigle de famille qui s'est élevé
tout seul dans les cieux et qui a laissé seulement tomber quelques plumes pour parer
ceux qui sont incapables de l'imiter.

Parfois une jeune femme, qui s'est vue
l'objet des empressements d'un homme éminent, et qui a cru que cela ne passerait pas
les bornes de la simple admiration, ne tarde
pas à se convaincre que, sous des hommages
qui prennent d'abord une forme respectueuse, se cachent des intentions qui la
conduiraient bien vite à des démarches
imprudentes, et perdraient sa réputation
comme son bonheur intérieur.

De son côté, le mari sait apprécier certaines politesses, certaines distinctions qu'il
avait d'abord attribuées à la conviction de

10*

son mérite personnel, mais dont il finit par découvrir le motif secret.

C'est alors que, désabusés de premiers succès qui viennent s'ajouter à ces vanités des vanités dont la vie est si remplie, de jeunes époux resserrent de plus en plus des liens que le monde tendait à relâcher ; que la jeune femme, revenue au pied de la chaire sacrée, saisit mieux les graves vérités qui en découlent, et que le mari, placé derrière sa compagne, comprend que lorsque la religion s'alarme de ce qui avait tant charmé le jeune couple d'abord, c'est qu'elle sait que la coupe qu'offre le monde renferme une liqueur dont l'ivresse n'est pas celle du véritable bonheur.

Mais il faut se montrer dans le monde quelquefois. Cela est vrai. Alors que ses exigences soient acceptées, mais dans une mesure raisonnable ; que dans sa tenue officielle, si je puis m'exprimer ainsi, un jeune ménage fasse preuve de tact comme de bon goût. On voit quelquefois un jeune mari, une fois sa femme placée dans un salon, s'en éloigner et ne plus reparaitre que lorsqu'il faut retourner chez soi, laissant sa femme seule toute la soirée, et prenant par là aux yeux de tous une attitude d'indifférence toujours mal interprétée, soit pour le mari, soit pour la femme. Pour un autre ménage, ce sera le contraire. Toujours dans le voisinage de sa femme, et presque dans l'attitude d'un humble serviteur qui attend un ordre, un jeune époux a l'air de subir un joug qui semble fort dur à ceux qui entendent la voix dominatrice de Madame. Le mari, qui n'a au fond que le désir de plaire à une femme qu'il aime, inspire aux autres hommes un sentiment de pitié ou de dédain, et la jeune femme, qui pense avoir donné la preuve de l'empire qu'elle exerce, fait croire qu'elle a changé en un véritable esclavage ce qui ne devait être qu'une douce condescendance d'égards et d'attentions.

Mais en dehors de ce monde, où un cœur trop avide de succès, où une imagination trop portée aux rêves qui égarent, trouvent plus d'émotions dangereuses que de jouissances honnêtes, est-ce qu'il n'y a pas la ressource d'une société que l'on peut se former soi-même, et qui se composera de personnes dont le dédain n'est jamais à craindre et la bienveillance toujours assurée; au sein de laquelle se trouveront même des cœurs amis; où l'on pressera des mains que les circonstances difficiles trouveront secourables; où l'on recevra des marques d'estime qui seront sincères parce qu'elles s'appuieront sur la conviction de ce que nous valons? Cette société-là ne sera pas le monde dans l'acception qu'a ce mot pour les têtes faibles et les esprits légers. Là, une fortune plus considérable, un rang plus élevé, se dissimuleront plutôt que de peser avec rudesse et insolence sur des situations plus modestes. Là, point de ces luttes de

luxe et d'orgueil, où la vanité, sans autre
but qu'un triomphe écrasant, est sans pitié
comme sans merci pour qui ne peut soute-
nir une pareille rivalité. Là, point de ces
faquins impudents, de ces femmes à la réputation ébréchée, mais au regard hardi, à
la parole retentissante, audaces qui ne se
produisent guère que dans les grands
salons, les réunions nombreuses, parce
qu'au milieu de personnes que l'on connait
peu, avec lesquelles on est sans relations,
on se permet ce qu'on n'oserait jamais au
milieu d'une société plus restreinte, et où
chacun est au courant de ce que nous
sommes véritablement. Ici, au contraire,
on sait qu'une robe modeste est portée par
une femme du mérite le plus réel; qu'un
homme simple dans ses manières, et plus
habitué à céder la première place qu'à la
prétendre, est digne de la plus sérieuse
estime.

Et puis, est-ce au milieu de ces grandes

réunions qu'on appelle aujourd'hui le
monde, que sera goûté ce que l'on peut
appeler le plaisir de la société dans ce qu'il
a de plus aimable et de plus délicat ? Est-ce
là qu'on trouvera ce qui distinguait si émi-
nemment l'ancienne société française ? Cette
urbanité exquise, cette grâce de l'esprit,
cet échange si vif et si rapide d'idées spi-
rituelles, où la liberté était toujours tempé-
rée par la mesure et le bon goût, parce que
cette société avait surtout pour arbitre des
femmes ? Alors celles-ci ne craignaient pas
la concurrence de ces réunions où les
hommes d'aujourd'hui, entourés d'une fu-
mée épaisse et nauséabonde, font assaut de
sans-gêne, de postures triviales et de sentiments dont le parfum est si souvent celui
de la bière et du tabac.

Le plaisir dont nous parlons, se trouvera
donc bien plutôt dans des sociétés plus res-
treintes, où la conversation sera possible,
où la part d'agrément que chacun est sus-

ceptible d'apporter, sera successivement
fournie dans la mesure de chaque esprit, et tournera au plaisir de tous. Es-
pérons que le besoin de voir plus fré-
quentes et plus recherchées de pareilles
relations, se fera de plus en plus sentir, et
qu'on verra moins les salons se diviser
comme en deux camps, celui des hommes
comptant les quarts d'heure, et impa-
tients de retourner à leurs cigares ; et celui
des femmes réduites à ne parler que de
modes et de chiffons, et voyant tomber
dans l'inertie, comme chose inutile pour
elles, cette aptitude qu'elles ont à tout comprendre, et qui prive les hommes, même
ceux de l'esprit le plus distingué, de la
plus aimable des sympathies qu'ils puissent
exciter.

Quelle que soit au surplus la société que
verront de jeunes époux, ils devront bien
se convaincre d'une chose, c'est que le plus
sûr moyen d'y trouver autant d'agrément

que possible, est de s'y montrer modestes
et bienveillants.

L'absence de prétentions nous concilie
les sympathies de tout le monde, et surtout
celles des personnes qui veulent la première place, esprits d'ordinaire très-om-
brageux, et toujours prêts à entrer en
hostilité avec quiconque a des prétentions
analogues.

Lorsque nous descendons au fond de
nous-mêmes, et que nous nous soumettons
à un examen qu'il est si important de faire
souvent, nous devons être plutôt portés à
l'humilité qu'à l'orgueil, à moins que celui-ci
ne soit parvenu à étouffer notre raison et
notre bon sens. Et bien, portons dans le
monde cette conviction qui nous sera souvent donnée par nos retours sur nous-mêmes. Croyons, chez les autres, aux mérites
qui sont évidents; croyons aussi qu'ils en
possèdent d'autres que nous n'apercevons
pas. De même que nous avons des qualités

qui ne sont pas écrites sur notre visage, soyons persuadés qu'il en est de même chez autrui. Que de faux jugements sont basés sur l'impression qu'opère en nous l'extérieur des autres ! Souvent nous sommes dénigrants et sans pitié pour un costume négligé, pour ce qui manque de tournure et de grâce, pour l'air gauche et la parole embarrassée, et puis nous apprenons plus tard que ces déshérités aux yeux du monde ont des vertus admirables, et consacrent cette vie, dont nous croyons pouvoir nous moquer, à des sacrifices, à des dévouements dont Dieu seul connait l'étendue et qu'il rémunérera d'autant plus que chaque jour ils se manifestent sans même songer à la récompense. Soyons également indulgents pour des vertus qui ont sombré, sans doute, mais qui ont toujours le droit de se relever, et à qui il appartient à si peu de personnes de jeter la première pierre, quand la charité ne retiendrait pas la main qui voudrait la lancer.

Une jeune femme simple et gracieuse ; un jeune époux poli sans fatuité, réservé sans froideur ni dédain, cordial sans vulgarité, seront toujours sûrs de s'entourer de bien-veillance et de sympathie dans le monde qui les connaît peu, et de trouver, dans la société qu'ils voient habituellement, un ac-cueil qui leur fera voir combien on les apprécie. C'est ainsi que de jeunes époux joindront au bonheur intérieur, que nul autre n'égale ni ne remplace, des jouissan-ces propres à rendre ce dernier plus doux encore, en formant avec lui des contrastes qui en empêchent la monotonie, sans rien lui enlever de son charme.

Cependant il ne faut pas offrir à de jeunes époux un tableau qui soit plutôt un roman qu'une sérieuse réalité. Quelles que soient les conditions de bonheur d'un ménage bien uni, ces conditions failliront quelquefois, et les épreuves ou les jours de tristesse auront aussi leur tour.

La mort est impitoyable, et ses coups atteignent toutes les familles. Des êtres chers et qui donnaient à la vie son plus grand prix, nous sont enlevés à l'heure où nos bras les serraient avec le plus de tendresse, et quand nous comptions pour eux sur un long avenir ou sur une destinée qui devait survivre à la nôtre. C'est un enfant rempli des grâces les plus naïves, charmante fleur qui brillait encore ce matin, et qui le soir penche sa tête pour ne plus la relever; c'est un fils, une fille, ayant réalisé toutes les espérances conçues près de leur berceau, et qui ne seront plus là pour être l'orgueil et la joie de notre âge mûr, l'appui de notre vieillesse; c'est un père, une mère, des cœurs pour nous incomparables; un frère, une sœur qui devaient nous indemniser de leur perte, et qu'il faut pleurer avec eux; des amis vrais, dont les conseils ne nous éclaireront plus et à qui notre cœur pouvait tout confier.

Outre ces coups terribles, il y a encore des revers de fortune que la prudence humaine la plus habile ne peut pas toujours éviter, ou que nous subissons par la faute de ceux dont nous supportons la responsabilité, à cause des liens du sang les plus intimes, revers si difficiles à endurer et par suite desquels quelquefois ce n'est pas seulement le bien-être qui est atteint, mais aussi ce que nous avons dans le cœur de plus noble et de plus délicat.

Et par combien d'autres côtés, notre existence si vulnérable peut-elle être encore atteinte, car nul ne peut compter les causes des larmes qui mouillent les paupières de l'homme !

« Le déluge n'est venu qu'une fois, mais celui des afflictions est perpétuel, et inonde toute la vie dès la naissance (1). »

(1) Bossuet, *Elévations sur les mystères*, p. 480.

Enfin le cœur, la raison des jeunes époux peuvent avoir parfois leurs défaillances. Un faux bonheur sourit au premier ; la véritable route n'est quelquefois plus aperçue par l'autre, et la paix conjugale se trouve exposée à des dangers que les époux eux-mêmes n'auraient pas cru possibles.

N'aimerait-on plus ce qu'on a tant aimé ? renoncera-t-on à ces bonnes et sages habitudes qui assuraient le présent et garantissaient l'avenir, entraîné que sera l'un ou l'autre des époux par les sophismes des mauvaises passions si souvent repoussés, mais qui un jour envahissent comme des vainqueurs insolents la place jusque-là pour eux inabordable ?

Les passions ressemblent à ce vent du midi dont le souffle est d'abord caressant, mais qui bientôt amène les nuages, qui récèlent la foudre, et ces tempêtes terribles qui brisent et déracinent ce qui d'abord avait été doucement balancé.

Si de jeunes époux, indépendamment des peines qu'ils n'auront pas à s'imputer, en éprouvent qu'ils ne doivent attribuer qu'à eux-mêmes, qu'ils recourent à Celui qui seul peut guérir les plus vives blessures du cœur, et purifier l'âme qui s'est souillée au contact de la terre, contact qui entraîne toujours la dégradation, quelle que soit l'excuse dont le vice cherche à se couvrir. Ces excuses, de grands talents les mettent souvent au service des sentiments coupables, et voudraient en quelque sorte rendre fier de sa faute celui ou celle qui s'est laissé entraîner. Mais il arrive un jour où succèdent à ce délire d'orgueil l'humiliation et le repentir, et l'époux qui a failli répétera avec ce roi des Hébreux, qui a peint si éloquemment et ses fautes et sa pénitence : « L'ennemi a poursuivi mon âme ; il a jeté l'abjection sur ma vie en me poussant vers la terre (1). »

(1) Psaume 142.

Alors, sous la bénédiction du Dieu qui console et qui pardonne, l'âme repentante, le
cœur humilié sentent comme un baume
bienfaisant et dont le secret n'est qu'au Ciel,
couler sur leurs blessures, et la douce joie
des jours tranquilles, des jours du devoir
bien rempli, revient peu à peu au foyer
domestique.

Ainsi après la tempête, l'arbre qui a subi
son effort, se relève, quelquefois mutilé sans
doute, mais les rameaux qui lui restent reprennent peu à peu leur verdure ; une sève
vivifiante les parcourt de nouveau, et bientôt toute trace de l'ouragan a disparu.

Sans doute, pour punir ceux qui l'ont trop
oublié, Dieu semble d'abord peu propice
aux premières prières qu'une âme encore
malade élève vers lui ; il la laisse dans cette
froideur dont se sont plaints les cœurs les
plus fervents, les plus hautes intelligences,
et qui faisait dire à Bossuet lui-même : « Oh,
« mon Dieu ! d'où vient que j'ai si peu de

« goût à la prière, que mon cœur m'échappe
« et que j'ai tant de peine à le rattraper (1)? »
Mais une voix divine a dit : Frappez, et l'on
vous ouvrira, et la porte finit par s'ouvrir,
laissant apercevoir l'ange qui apporte les
paroles de la miséricorde et du pardon.

Quand Dieu pardonne, il faut que l'époux
méconnu et offensé pardonne aussi, puisque celui ou celle qui s'est égaré a reconnu
son injustice et son ingratitude. Du cœur
contrit et humilié sortent souvent des vertus
bien autrement assises que celles qui exis-
taient avant la chute et qui n'avaient pu
l'empêcher. C'est la récompense de celui
qui a souffert et attendu. Qui ne se rappelle
avoir rencontré dans sa vie une de ces
épouses pure, tendre et dévouée, et cependant outragée par d'indignes préférences,
mais restée ferme dans sa pieuse résignation, disant comme saint Anselme à l'un

(1) *Méditations sur l'Evangile*, p. 327.

de ses amis : « Mon âme est soudée à la vôtre; vous pouvez la déchirer, mais non pas
la séparer de vous (1), » et attendant en silence les jours meilleurs qui ont enfin lui,
et ont ramené le coupable à rendre tout son
amour à celle qui n'avait jamais cessé de
mériter tout son respect.

Heureux ceux qui dans les jours où le
chagrin accable, où le cœur est violemment
brisé, n'ont pas à y joindre les douleurs
d'une conscience accusatrice, et qui n'ont à
subir que les épreuves destinées à tous par
l'ordre providentiel! J'aime à croire que les
jeunes époux qui liront ces lignes inspirées
par le désir de leur être utile, seront presque tous à l'abri des peines qu'il faut se reprocher; qu'ils resteront fidèles aux principes sur lesquels leur félicité devait s'appuyer,
quand ils ont demandé à Dieu de bénir leur

(1) De Montalembert, *les Moines d'Occident*, t. I,
p. CII.

11*

union. Si cette union a produit des enfants,
que la vue de ces êtres si chers, et dont le
plus grand charme est cette naïve innocence
qui commande si instament de la respecter ;
que le besoin de conserver l'estime et l'affection de ces mêmes enfants, lorsqu'ils
auront grandi, et que leur regard saura
pénétrer ce qu'on aurait caché à leur primi-
tive ignorance ; que tous ces obstacles si
forts contre le vice, si favorables à la vertu,
arrêtent des projets coupables, ou fassent
refouler au fond de l'âme des sentiments
qui feraient monter la honte au front de ceux
pour qui il est si doux d'honorer autant leur
père ou leur mère que de les aimer.

Jeunes époux, avancez donc dans la vie,
serrés l'un contre l'autre, faisant face avec
un égal courage aux atteintes que l'esprit
du mal voudrait porter à des liens que la
piété, la loyauté et l'énergie d'une affection
réciproque sauront rendre inébranlables ;
que les douleurs, que les chagrins soient

supportés avec une solidarité encore plus intime que celle des temps heureux, et que la parole qui a été dite à l'homme et à la femme, au moment de la création, *ils ne seront qu'une même chair et qu'un même sang*, c'est-à-dire un même cœur et une même âme, reçoive sur la terre un accomplissement dont Dieu, dans son adorable bonté, permettra la continuation au ciel.

FIN.

NOTES

—

(A) Page 37. Testament du duc de Saint-Simon.

« Je veux que de quelque lieu que je meure,
» mon corps soit apporté et inhumé dans le ca-
» veau de l'Eglise paroissiale de La Ferté, auprès
» de celui de ma très-chère épouse, et qu'il soit
» fait et mis anneaux, crochets et liens de fer qui
» attachent nos deux cercueils, si étroitement
» unis ensemble et si bien rivés qu'il soit impos-
» sible de les séparer l'un de l'autre sans les bri-
» ser tous deux. Je veux aussi et ordonne très-
» expressément qu'il soit mis et rivé sur nos deux
» cercueils une plaque de cuivre sur chacune
» desquels soient respectivement gravés nos noms
» et âges, le jour trop heureux pour moi de notre
» mariage, et celui de notre mort; que sur la
» sienne, autant que l'espace le pourra permettre,
» soient gravées ses incomparables vertus : la
» piété inaltérable de toute sa vie, si vraye, si
» simple, si constante, si uniforme, si solide, si
» admirable, si singulièrement aimable qui l'a
» rendue les délices et l'admiration de tout ce qui
» l'a connue, et sur toutes les deux plaques, la
» tendresse extrême et réciproque, la confiance

» sans réserve, l'union intime, parfaite, sans la-
» cune, et si pleinement réciproque dont il a plu
» à Dieu de bénir singulièrement tout le cours
» de notre mariage, qui a fait de moi tant qu'il a
» duré l'homme le plus heureux, goûtant sans
» cesse l'inestimable prix de cette perle unique,
» qui, réunissant tout ce qu'il est possible d'ai-
» mable et d'estimable avec le don du plus excel-
» lent conseil, sans jamais la plus légère com-
» plaisance en elle-même, ressembla si bien à la
» femme forte décrite par le Saint-Esprit, de la-
» quelle aussi la perte m'a rendu la vie à charge,
» et le plus malheureux de tous les hommes pour
» l'amertume et les pointes que j'en ressens jour
» et nuit en presque tous les moments de ma vie.
» Je veux et j'ordonne très-expressément aussi
» que le témoignage de tant de si grandes et ai-
» mables vertus, de notre si parfaite union,
» et de l'extrême et continuelle douleur où m'a
» plongé une séparation si affreuse, soit écrit et
» gravé bien au long, de la manière la plus du-
» rable, sur un marbre que pour cela je veux
» qui soit long et large appliqué pour être vu
» de tout le monde, dans l'Église du dit La
» Ferté (1). »

Ici ce n'est pas l'épouse qui a survécu, c'est le
mari. Mais quels accents de tendresse conjugale,
quels souvenirs, quels regrets ! Et de quelles
vertus devait être douée la femme qui les a inspirés à ce grand seigneur si épris des priviléges
de son antique race, si jaloux des prérogatives
que lui semblait exiger sa qualité de duc et pair,

(1) *Mémoires du duc de Saint-Simon*, édition Cher-
ruel, tome XX, p. 99.

si incisif, si amer, si implacable envers ceux qu'il n'aimait ou n'estimait pas!

Mais la tendresse et le dévouement d'une femme profondément chrétienne avait pénétré cette âme ardente unie à un esprit supérieur, d'un amour conjugal qui allait jusqu'à la vénération, et que près de sa tombe, déjà octogénaire, il exprimait dans des phrases si touchantes.

(B) Page 53.

Heureux encore si un mari, trop souvent entraîné par les exigences de vanité de sa femme, ne voit sa ruine s'aggraver par des effets bien plus déplorables; si le négociant, l'industriel qui, pour contenter une femme avide des jouissances de la fortune, ont préféré les spéculations hasardées, les entreprises qui ressemblent bien plus à un jeu avec toutes ses chances périlleuses qu'à un commerce sérieux et honnête; si le fonctionnaire comptable a mis la main sur les deniers de l'Etat dans l'espoir trop peu probable de les rétablir un jour; si le notaire, l'officier ministériel qui ont forfait à la mission de confiance dont ils étaient investis, ne voient pas la justice criminelle intervenir dans leurs désastres, pour y rencontrer de réels sujets de poursuite. C'est alors que le chef de ces ménages, que le luxe devait entourer de tant de jouissances quitte, sa demeure pour devenir l'hôte de ces maisons sévères où les délits s'expient, d'où l'honneur s'est à jamais retiré, et dont on ne sort plus que pour être l'objet d'une triste pitié.

Quels amers regrets doit éprouver celle qui pouvait tourner vers le bien et les travaux honnêtes, les efforts d'un mari jaloux de satisfaire tous les désirs d'une femme aimée!

Il y a sans doute des hommes très-vains eux-mêmes, et qui ne partagent que trop les goûts de leurs jeunes compagnes pour tout ce qui doit éblouir les autres, et donner au bien-être intérieur des jouissances hors de proportions avec la fortune des époux. Mais le plus souvent c'est la femme qui pousse le mari aux dépenses de vanité, et qui ne s'aperçoit du précipice qu'elle a creusé sous ses pas, que quand tout s'y est englouti, l'honneur comme l'argent.

(C) Page 117.

« Un soir, appuyé avec sa mère à la fenêtre de la maison et contemplant le Ciel, saint Augustin engage l'admirable entretien dont il a conservé la mémoire au neuvième livre des *Confessions*.

« Nous conversions donc seuls avec une infinie
» douceur; oubliant le passé, allant au-devant
» de l'avenir, nous cherchions ensemble quelle
» sera pour les Saints la vie éternelle.... Elevés
» vers Dieu par l'ardente aspiration de nos âmes,
» nous traversions toutes les régions des choses
» corporelles, et le Ciel lui-même, d'où le soleil,
» la lune et les étoiles répandent leur lumière.
» Et tout en admirant vos œuvres, Seigneur, nous
» montions plus haut, et nous arrivions à la ré-
» gion de l'âme, et nous la dépassions pour nous

» reposer dans cette sagesse par qui tout a été
» fait, mais qui n'a pas été faite, mais qui est ce
» ce qu'elle a toujours été, et qu'elle sera toujours ;
» ou plutôt il n'y a en elle ni passé ni futur, mais
» absolu, car elle est éternelle ! Et en parlant
» ainsi et avec cette soif de la sagesse divine,
» nous y touchâmes un moment d'un effort du
» cœur, et nous soupirâmes en y laissant comme
» attachées les prémices de nos âmes.... »

« J'abrége à regret cette page incomparable.
Heureux ceux qui un jour ont eu avec leur mère
un pareil entretien, qui ont cherché, qui ont
trouvé Dieu avec elle, et qui depuis ne l'ont point
perdu (1) ! »

Si nous devons surtout à Dieu qu'Augustin soit
devenu l'un des plus beaux génies et l'un des
glus grands Saints que nous honorions, ne croi-
rons-nous pas aussi que sa conversion est encore
due à sa mère ? N'est-ce pas à côté d'elle, sous
ses douces et saintes inspirations comme à ses
incessantes prières, que cette âme ardente s'est
enfin purifiée au feu du Ciel ?

Et Ozanam lui-même, qui avait aussi trouvé
Dieu avec sa mère, et qui devait quitter la vie à
quarante ans, quand la gloire l'environnait de
son auréole, quand près de lui une jeune femme
et une fille chérie donnaient à sa vie intime le
bonheur le plus doux, Ozanam n'a-t-il pas pensé
que cette pieuse mère qu'il allait rejoindre au
Ciel, lui obtiendrait de Dieu la grâce de mourir
résigné ?

(1) Ozanam, *De la Civilisation au Vᵉ siècle*, 1ᵉʳ vol.,
p. 88.

(D) Page 148.

« La plus utile et habituelle science et occupation à une mère de famille, c'est la science du
ménage. J'en vois quelqu'une avare, de ména-
gère fort peu. C'est la maîtresse qualité, et qu'on
doit chercher avant tout autre : comme le seul
douaire qui sert à ruyner ou sauver nos maisons.
Qu'on ne m'en parle pas : selon que l'expérience
m'en a apprins, je requiers d'une femme mariée,
au-dessus de toute autre vertu, la vertu économique. »

(Montaigne, *Essais*, liv. III, chap. IX.)

Montaigne me paraît aller trop loin en plaçant
la vertu économique au-dessus de toute autre
vertu chez une mère de famille, car les vertus
qui donnent le bonheur sont encore plus impor-
tantes que celles qui n'assurent que le bien-être.
Mais aussi reconnaissons que le bonheur intérieur
tient par bien des liens (qui l'affermissent ou le
compromettent) à cette administration économique qui, de la part d'une femme, sert à *ruyner
ou sauver nos maisons*.

(E) Page 171.

Quelquefois le mérite éminent d'un mari le
conduit à l'une de ces hautes positions aux devoirs

de laquelle, et sous certains rapports, sa femme est nécessairement associée. Ici viennent s'imposer des sacrifices au goût qu'elle peut avoir pour la vie intérieure, pour une existence sérieuse, pour des habitudes pieuses qui aiment tant la paix et le recueillement. Il faut assister à des repas, à des fêtes, en donner à son tour; nouer des relations avec des personnes à qui leur position sociale donne des importances de divers degrés. Et au milieu de tant d'amours-propres si vulnérables, il importe de n'en froisser aucun ; de disposer les esprits à l'estime, les cœurs à la satisfaction, afin que ces bonnes dispositions se reflètent sur un mari qui, armé d'une autorité qui parfois froisse et mécontente, a tant besoin que la grâce et la bonté de la confidente de ses plus intimes pensées, fasse penser à tous que le cœur du mari ne diffère pas de celui de sa femme, et qu'il n'a cessé d'être bienveillant que quand un devoir impérieux commandait le contraire.

Je ne puis résister au désir d'offrir le tableau de l'une de ces grandes dames, qui ont laissé après elles le souvenir vénéré d'une vie admirée de tous ceux qui en furent les témoins. Sans doute la plume qui a tracé ce tableau est celle d'un parent et d'un ami ; mais qu'importe si le lecteur doit être aussi charmé du peintre que du sujet qui l'a inspiré ?

Dans l'éloge du maréchal de Belle-Isle, ancien gouverneur de Metz et des Trois-Evêchés, prononcé à l'Académie impériale de Metz, le 11 mai 1862, par M. Leclerc, premier avocat-général à la Cour, aujourd'hui premier président de la Cour de Nancy, ce magistrat s'exprime ainsi, en parlant de Madame la maréchale de Belle-Isle, née de Béthune, et morte à quarante-six ans :

« Jamais union ne fut mieux assortie et plus
» heureuse. La duchesse prêtait à son mari le plus
» utile concours dans l'accomplissement de tous
» ces devoirs secondaires que les femmes savent si
» bien comprendre et si bien remplir. Ange de
» douceur, de charité et de sagesse, elle ne laissa
» jamais une infortune sans consolation, une mi-
» sère sans soulagement, une tentation ou une
» défaillance sans appui ou sans conseil. Elle était
» aimable, elle était belle. Elle possédait ces grâ-
» ces puissantes qui gagnent les cœurs après
» avoir enchanté les yeux. Elle apportait chez
» elle, dans ses relations quotidiennes avec le
» monde, cette politesse exquise et cet art infini
» qui traitent chacun selon son désir et selon son
» droit. Elle ne perdait aucune occasion de té-
» moigner aux Messins son affection et son dé-
» vouement : dans une lettre qu'on aime tou-
» jours à relire, écrite de Plombières, où elle
» cherchait un remède contre une maladie incu-
» rable, elle se disait leur *concitoyenne*, elle
» aurait voulu se dire leur mère. Aussi quand le
» maréchal la perdit avant l'âge, s'associèrent-ils,
» par les plus unanimes et les plus touchantes dé-
» monstrations, à sa profonde et légitime dou-
» leur. »

On comprend combien une femme aussi admirable devait aider puissamment aux succès de
l'administration de son illustre époux. Sans doute
les femmes des hommes investis de fonctions
ayant leur importance, ne sont pas en général
placées dans une aussi haute position, et les qualités qui peuvent les distinguer ne sont pas destinées à produire un excellent effet. Mais qu'elles
soient bien convaincues qu'elles faciliteront
l'exercice des fonctions de leur mari, qu'elles lui

aplaniront peut-être bien des difficultés, par leur politesse gracieuse, leurs égards habilement nuancés d'après les situations diverses. Qu'elles méritent aussi que la voix publique, soulevant le voile discret qui cachait de plus grandes vertus, dise que leur piété est aussi grande que leur visage est gracieux, leurs aumônes distribuées par une main qui voudrait rester ignorée, et que cette vie si bien remplie fait surtout la félicité d'un époux dont elles apprécient les labeurs difficiles, le dévouement à des devoirs qui le privent trop souvent des bonheurs de la famille.

Mais des airs hautains et dédaigneux, des paroles impertinentes, des moqueries blessantes, des humiliations imposées à des femmes simples et modestes, qui ne savent se défendre que par leurs larmes, prouveraient autant d'étroitesse d'esprit que de sécheresse de cœur. Une indignation sourde et qui finirait par devenir générale envelopperait à la fois et la femme qui l'aurait soulevée, et le mari qu'on en rendrait responsable. Il n'y aurait plus qu'un vœu pour voir s'éloigner un ménage blessant toutes les susceptibilités, et avec lequel les relations ne seraient plus que des occasions de froissements et d'irritation.

Pour ne pas voir se produire de pareilles conséquences, les femmes dont la conduite peut exercer tant d'influence sur la destinée de leurs maris, hommes publics, ne peuvent trop méditer cette réflexion d'un écrivain éminent, et dont la parole grave a tant le droit d'être écoutée :

« La modestie est une grande lumière ; elle

laisse l'esprit toujours ouvert et le cœur toujours docile à la vérité (1). »

Oui, c'est à la modestie qu'une femme, quel que soit son rang, devra demander ses meilleures inspirations. Auprès d'elle il n'y a pas d'amour-propre qui ne se rassurera, pas de cœur qui ne sera confiant. Ajoutons qu'au-delà de la modestie, il est une vertu encore plus féconde, c'est l'humilité. Au-dessus de toutes les grâces du monde, il existe une grâce plus captivante encore, c'est la grâce chrétienne. Puissent celles de mes jeunes lectrices qui le sont déjà ou doivent devenir les compagnes de maris investis de fonctions supérieures, tout en faisant le bonheur de leurs époux, ajouter à leur considération, faciliter leur mission par leur politesse aimable, leur bonté indulgente, inspirée surtout par la persuasion que Dieu demande beaucoup aux amours-propres qui s'humilient devant lui ! Elles mériteront qu'un jour la voix divine qui avait eu tant de charme pour la jeune sœur de Lazare, dise de chacune d'elles : *Elle a choisi la meilleure part qui ne lui sera point ôtée.* Saint Luc, ch. IX, v. 42.)

(1) M. Guizot, *Portraits*, p. 255.

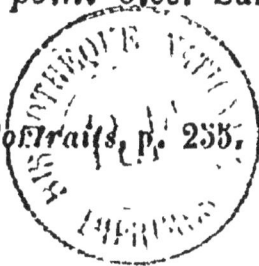

TABLE.

Nancy, Imprimerie de Vagner, rue du Manége, 3.

www.ingramcontent.com/pod-product-compliance
Lightning Source LLC
Chambersburg PA
CBHW072221270326
41930CB00010B/1937